몰입수업(비교과과정)

日本語ワークブック

유미선 지음

극동대학교 출판센터

まえがき

本書は、日本語をはじめて学ぶ人が、無理なく楽しく学べるように企画・編集したものです。まずは日本語の文字を「読む」ことに慣れ親しみながら、それを活用して日常のコミュニケーションに必要な表現を場面や目的に合わせて使いこなせるようになることを目標に作られた初級教材です。

初級段階の日本語教材はたいてい日本語の文字から始まりますが、日本語の表記にひらがな・カタカナ・漢字の三種類の文字が使われているために「読む」ことは難しいと感じ、さらに「書く」ことはもっと難しいと感じてしまい、文字を学ぶ段階で日本語を習得することに消極的になってしまう方も多いようです。また、最初は簡単でやさしいと思っていた日本語が学べば学ぶほど難しさを感じるようになってきて、日本語を学ぶことが楽しみではなく、つらく苦しくなってくる方もいるでしょう。そうした意味でも、日本語に慣れ親しむ入り口である初級段階は、その後の日本語との取り組みを決める分かれ目ともなるので、とても大切な段階だと言えます。

そこで本書は、小さな子供が母語に親しみながら自然に習得するように、多彩な視覚情報やゲーム感覚を通して楽しみながら繰り返し練習をすることで、いつのまにか日本語が身についていく感覚を体験できるように意図して制作されました。

本書の構成としては、『KFLP1』では、日本語のひらがな・カタカナに始まり、数字の練習、基本的なあいさつことば、指示代名詞、場所を表す表現、値段・時間・月日・曜日の言い方、家族の呼称、名詞、形容詞・動詞の活用などを学びました。そして、『KFLP2』では、て形、ない形、た形の活用練習に始まり、そこから派生する様々な文型表現をマスターするための活動、カレンダーの月日・時間の言い方、助数詞、反対語、可能形・仮定形の練習までを扱います。さらに熟語やカタカナ・漢字練習、文レベルの練習、N3の単語や慣用句などの語彙表現もふんだんに取り上げています。『KFLP3』では、初級段階の完結編として意志形、自動詞・他動詞、やりもらい表現、受身・使役・使役受身、それから尊敬語・謙譲語の作り方までを学びます。また日本語能力試験N2に必要な単語や文章をふんだんに取り上げ、N2受験に備えられるように様々な工夫がなされています。

本書を活用して、日本語を「読む」「話す」おもしろさと楽しさを経験しながら、教室での日本語活動がスムーズになり、日本語を使ったコミュニケーションの場を大きく広げていってください。そして、次の段階へと進み習得した日本語を活用し、実際に日本に留学したり日本人と交流することを通して、日本語と日本文化ひいては自国の言語や文化との相互理解に役立つことを心から願っています。

2020年 2月

劉美善

KFLP1

KFLP2

KFLP3

KFLP3

KFLP1

◆ ひらがな(히라가나)

あ	い	う	え	お
a	i	u	e	o
か	き	く	け	こ
ka	ki	ku	ke	ko
さ	し	す	せ	そ
sa	shi	su	se	so
た	ち	つ	て	と
ta	chi	tsu	te	to
な	に	ぬ	ね	の
na	ni	nu	ne	no
は	ひ	ふ	へ	ほ
ha	hi	fu	he	ho
ま	み	む	め	も
ma	mi	mu	me	mo
や		ゆ		よ
ya		yu		yo
ら	り	る	れ	ろ
ra	ri	ru	re	ro
わ		を		ん
wa		wo		n

★[아가사타나 하마야라와 응]을 <아가사타나 하마야 나와 응?>으로 외우면 쉽게 외울 수 있다.

◆ カタカナ(가타카나)

ア	イ	ウ	エ	オ
a	i	u	e	o
カ	キ	ク	ケ	コ
ka	ki	ku	ke	ko
サ	シ	ス	セ	ソ
sa	shi	su	se	so
タ	チ	ツ	テ	ト
ta	chi	tsu	te	to
ナ	ニ	ヌ	ネ	ノ
na	ni	nu	ne	no
ハ	ヒ	フ	ヘ	ホ
ha	hi	fu	he	ho
マ	ミ	ム	メ	モ
ma	mi	mu	me	mo
ヤ		ユ		ヨ
ya		yu		yo
ラ	リ	ル	レ	ロ
ra	ri	ru	re	ro
ワ		ヲ		ン
wa		wo		n

◆ ひらがな 랜덤 읽기연습(1)

お	き	さ	ひ	け
は	ら	ぬ	れ	み
あ	く	そ	せ	わ
き	さ	あ	お	し
わ	れ	ね	へ	く
か	が	さ	ざ	う
い	り	え	あ	お
こ	お	そ	と	の
ま	は	ほ	ま	こ
さ	す	に	な	た
ぬ	ね	れ	わ	は
ほ	ひ	ら	る	ろ
あ	お	を	な	た
ゆ	せ	つ	に	ん

◆ ひらがな 랜덤 읽기연습(2)

は	ば	の	な	さ
た	と	ふ	へ	く
せ	け	れ	え	む
う	ね	そ	さ	き
ぎ	ぞ	ひ	び	へ
じ	で	ぴ	ぷ	べ
や	れ	こ	か	さ
す	ぜ	た	て	な
は	の	よ	ふ	に
も	ま	つ	ら	ゆ
る	ひ	り	め	れ
ろ	み	だ	へ	ぼ
わ	れ	ほ	も	や
を	ん	ぶ	む	ぜ

◆ ひらがな 랜덤 읽기연습(3)

ぎ	ざ	く	ぐ	へ
べ	ば	び	ふ	ぶ
ぱ	ぴ	せ	ず	す
て	ぜ	ぷ	ち	づ
ぺ	で	ん	じ	ぢ
ほ	ぽ	しゃ	しゅ	しょ
みゅ	みょ	きゃ	きゅ	にゅ
しゃ	ちゃ	にゃ	ひゃ	みゃ
りゃ	しゅ	ちゅ	にゅ	きょ
しょ	りょ	ちょ	ひゅ	りゅ
ぴゃ	ぴゅ	ぴょ	ぎゃ	ぎゅ
びゅ	びょ	びゃ	ちゅ	ぎょ
りょ	りゃ	りゅ	ひゃ	ひゅ
しゃ	しょ	じょ	じゃ	ひょ

◆ ひらがな 쓰기연습

우	세	소	아	오
하	미	리	와	샤
캬	카	키	쿠	헤
마	하	호	이	리
시	소	치	리	게

에	타	네	유	요
아	테	레	츠	야
사	토	와	응	가
샤	마	모	시	아
미	마	메	비	무

스	아	하	우	에
히	게	코	로	야
다	지	츠	테	또
나	미	누	네	노
타	마	사	시	스

유	카	사	타	나
오	와	소	도	노
에	게	세	데	호
아	무	응	히	나
오	고	소	노	또

◆ ひらがな 쓰기연습

샤	랴	히	비	뷰
먀	뮤	묘	퍄	퓨
표	파	포	레	캬
큐	쿄	슈	쇼	냐
뉴	뇨	뱌	뷰	뵤

카	하	구	후	오
무	시	우	유	요
노	꼬	타	츠	소
나	미	누	마	스
사	치	츠	데	스

사	세	노	하	히
후	호	메	미	와
스	헤	로	세	케
노	카	사	타	모
코	누	스	츠	에

니	쿠	헤	하	호
마	무	모	먀	뮤
묘	나	네	미	누
히	라	하	우	오
야	치	이	데	에

◆ カタカナ 랜덤 읽기연습(1)

カ	ヒ	ソ	ノ	ツ
ザ	シ	タ	チ	シ
サ	ロ	ス	ヌ	ネ
ウ	セ	コ	ヲ	オ
キ	ワ	オ	モ	メ
ウ	サ	ニ	チ	ブ
イ	ン	ホ	メ	フ
エ	キ	ケ	ネ	ケ
オ	ア	コ	ウ	ル
ハ	メ	ス	ロ	ヤ
ヒ	ム	ソ	ユ	ヨ
フ	ク	ン	ユ	コ
マ	ホ	タ	ト	ミ
ミ	サ	チ	テ	ム

◆ カタカナ 랜덤 읽기연습(2)

ア	ウ	ツ	エ	ノ
ザ	シ	タ	チ	シ
サ	ロ	ス	ヌ	ネ
セ	ソ	ン	ヲ	オ
キ	ワ	オ	モ	メ
オ	コ	ニ	チ	ブ
イ	メ	ホ	メ	フ
ス	ク	リ	ム	ケ
オ	ユ	コ	ウ	ル
ハ	メ	ス	ロ	ヤ
ヒ	ム	ソ	ユ	ヨ
フ	ク	ン	ヘ	コ
マ	ホ	タ	ト	ミ
ミ	サ	チ	テ	ム

◆ 다음 ひらがな를 カタカナ로 써 보세요.(1)

お	き	さ	ひ	け
は	ら	ぬ	れ	み
あ	く	そ	せ	わ
き	さ	あ	お	し
わ	れ	ね	へ	く
か	が	さ	ざ	う
い	り	え	あ	お
こ	お	そ	と	の
ま	は	ほ	ま	こ
さ	す	に	な	た
ぬ	ね	れ	わ	は
ほ	ひ	ら	る	ろ
あ	お	を	な	た
ゆ	せ	つ	に	ん

◆ 다음 ひらがな를 カタカナ로 써 보세요.(2)

ぎ	ざ	く	ぐ	へ
べ	ば	び	ふ	ぶ
ぱ	ぴ	せ	ず	す
て	ぜ	ぷ	ち	づ
ぺ	で	ん	じ	ぢ
ほ	ぽ	しゃ	しゅ	しょ
みゅ	みょ	きゃ	きゅ	にゅ
しゃ	ちゃ	にゃ	ひゃ	みゃ
りゃ	しゅ	ちゅ	にゅ	きょ
しょ	りょ	ちょ	ひゅ	りゅ
ぴゃ	ぴゅ	ぴょ	ぎゃ	ぎゅ
びゅ	びょ	びゃ	ちゅ	ぎょ
りょ	りゃ	りゅ	ひゃ	ひゅ
しゃ	しょ	じょ	じゃ	ひょ

◆ 다음 カタカナ를 ひらがな로 써 보세요.(1)

カ	ヒ	ソ	ノ	ツ
ザ	シ	タ	チ	シ
サ	ロ	ス	ヌ	ネ
ウ	セ	コ	ヲ	オ
キ	ワ	オ	モ	メ
ウ	サ	ニ	チ	ブ
イ	ン	ホ	メ	フ
エ	キ	ケ	ネ	ケ
オ	ア	コ	ウ	ル
ハ	メ	ス	ロ	ヤ
ヒ	ム	ソ	ユ	ヨ
フ	ク	ン	ユ	コ
マ	ホ	タ	ト	ミ
ミ	サ	チ	テ	ム

◆ 다음 カタカナ를 ひらがな로 써 보세요.(2)

ア	ウ	ツ	エ	ノ
ザ	シ	タ	チ	シ
サ	ロ	ス	ヌ	ネ
セ	ソ	ン	ヲ	オ
キ	ワ	オ	モ	メ
オ	コ	ニ	チ	ブ
イ	メ	ホ	メ	フ
ス	ク	リ	ム	ケ
オ	ユ	コ	ウ	ル
ハ	メ	ス	ロ	ヤ
ヒ	ム	ソ	ユ	ヨ
フ	ク	ン	ヘ	コ
マ	ホ	タ	ト	ミ
ミ	サ	チ	テ	ム

◆ 숫자연습

0	ゼロ/れい/まる	10	じゅう	20	にじゅう
1	いち	11	じゅういち	30	さんじゅう
2	に	12	じゅうに	40	よんじゅう
3	さん	13	じゅうさん	50	ごじゅう
4	し/よん/よ	14	じゅうよん	60	ろくじゅう
5	ご	15	じゅうご	70	ななじゅう しちじゅう
6	ろく	16	じゅうろく		
7	しち/なな	17	じゅうなな	80	はちじゅう
8	はち	18	じゅうはち	90	きゅうじゅう
9	きゅう/く	19	じゅうきゅう	100	ひゃく

1	2	3	4	5	6	7	8	9	10
11	12	13	14	15	16	17	18	19	20
21	22	23	24	25	26	27	28	29	30
31	32	33	34	35	36	37	38	39	40
41	42	43	44	45	46	47	48	49	50
51	52	53	54	55	56	57	58	59	60
61	62	63	64	65	66	67	68	69	70
71	72	73	74	75	76	77	78	79	80
81	82	83	84	85	86	87	88	89	90
91	92	93	94	95	96	97	98	99	100

◆ 숫자 읽기 연습

5	23	11	34	75	48	99	90	71	20
92	54	21	39	88	71	39	98	23	37
76	17	31	51	92	91	82	87	54	55
56	23	14	34	87	81	87	67	1	12
47	0	51	66	64	28	65	54	11	2
39	7	13	99	45	95	74	51	21	44
93	4	90	100	73	71	48	27	32	55
71	2	89	42	53	17	63	31	41	38
18	6	37	62	23	21	51	82	54	775
81	27	13	71	41	61	99	79	68	88

◆ あいさつ(인사1)

おはよう　ございます。 おはよう。	(아침인사)안녕하십니까? 안녕!(친구 또는 동료)
こんにちは。	(낮 인사)안녕하십니까?
こんばんは。	(저녁인사)안녕하십니까?
おつかれさまでした。	수고하셨습니다.
ごくろうさまでした。	수고하셨습니다.(손아랫사람)
さようなら。	안녕히 가세요.
おやすみなさい。 おやすみ。	안녕히 주무세요. 잘자.
ありがとう　ございます。 ありがとう　ございました。 ありがとう。	감사합니다. 감사합니다.(과거) 고마워
どういたしまして。	천만에요.
はじめまして。	처음 뵙겠습니다.
どうぞ　よろしく　お願(ねが)いします。	잘 부탁합니다.
いただきます。	잘 먹겠습니다.
ごちそうさまでした。	잘 먹었습니다.

◆ あいさつ(인사2)

いってらっしゃい。	다녀오세요.
いって きます。	다녀오겠습니다.
ただいま。	다녀왔습니다.
おかえりなさい。 おかえり。	다녀오셨어요. 다녀왔니?
おげんきですか。	잘 지내시죠? (그동안)안녕하셨습니까?
はい。おかげさまで。	예. 덕분에(잘 지냅니다.)
おひさしぶりです。	오래 간만입니다.
では、また。 じゃね。	그럼 또(만나요.)
おだいじに。	빨리 완쾌하세요. 몸조심하세요.
しつれいします。 おさきに しつれいします。	실례합니다. 먼저 실례하겠습니다.
おめでとう ございます。 おめでとう。	축하합니다. 축하해.
すみません。	미안합니다. (직원을 부를 때)
ごめんなさい。 ごめん。	미안합니다.(손아랫사람) 미안.
ちょっと 待(ま)って ください。	잠깐만 기다려 주세요.

◆ 명사의 정중체와 보통체

정중체	보통체
です。	だ。
ではありません。 (じゃありません。)	じゃない。
でした。	だった。
ではありませんでした。 (じゃありませんでした。)	じゃなかった。

의미	단어	의미	단어
한국인	かんこくじん 韓国人	초등학생	しょうがくせい 小学生
일본인	にほんじん 日本人	중학생	ちゅうがくせい 中学生
중국인	ちゅうごくじん 中国人	고등학생	こうこうせい 高校生
미국인	じん アメリカ人	대학생	だいがくせい 大学生
프랑스인	じん フランス人	대학원생	だいがく いんせい (大学)院生
독일인	じん ドイツ人	학생	がくせい 学生
회사원	かいしゃいん 会社員	선생님	せんせい 先生
의사	いしゃ 医者	누구	だれ 誰

◆ 회화연습

韓国人

日本人

中国人

ドイツ人

会社員

医者

学生

先生

誰

◆ 작문연습1

처음 뵙겠습니다. 저는 다나카라고 합니다.
잘 부탁드립니다.
처음 뵙겠습니다. 저는 야마다라고 합니다.
잘 부탁드립니다.
처음 뵙겠습니다. 저는 사토우라고 합니다.
잘 부탁드립니다.
처음 뵙겠습니다. 저는 야마시타라고 합니다.
잘 부탁드립니다.
다나카씨는 회사원입니까? 예. 저는 회사원입니다.
아니오. 저는 회사원이 아닙니다. 저는 대학생입니다.
몇 학년입니까? 2학년입니다.

なんねんせい　いちねんせい　にねんせい　さんねんせい　よねんせい
(何年生・一年生/二年生/三年生/四年生)

야마다씨는 의사입니까? 예. 저는 의사입니다.
아니오. 저는 의사가 아닙니다. 저는 회사원입니다.
사토우씨는 학생입니까? 예. 저는 학생입니다.
아니오. 저는 학생이 아닙니다. 저는 회사원입니다.
야마다씨도 회사원입니까? 아니오. 저는 학생입니다.
당신은 한국인입니까?
아니오. 저는 한국인이 아닙니다. 일본인입니다.
당신은 중국인입니까? 예. 저는 중국인입니다.
야마다씨의 선생님은 한국인입니까? 일본인입니까?
선생님은 일본인입니다.
요시다씨의 선생님은 중국인입니까?
아니오. 선생님은 한국인입니다.
요시다씨는 몇 학년 입니까? 저는 대학 3학년입니다.

◆ 작문연습2

저야말로 잘 부탁드립니다.

남자친구는 의사입니까? (彼氏(かれし))

예. 그렇습니다. 제 남자친구는 의사입니다.

여자 친구는 대학생입니까? (彼女(かのじょ))

아니오. 제 여자친구는 대학생이 아닙니다.

당신은 대학생입니까? 고등학생입니까?

저는 고등학생입니다.

당신은 일본인입니까? 중국인입니까?

저는 일본인입니다.

야마다씨는 선생님입니까? 예. 그렇습니다.

야마다씨는 선생님입니다.

야마다씨의 남자친구도 선생님입니까?

아니오. 야마다씨의 남자친구는 선생님이 아닙니다.

야마다씨의 남자친구는 회사원입니다.

다나카씨는 학생입니다. 야마다씨도 학생입니까?

예. 그렇습니다.

스즈키씨의 여자 친구는 중국인입니까?

아니오. 스즈키씨의 여자 친구는 한국인입니다.

스즈키씨는 대학생입니까?

아니오. 저는 대학생이 아닙니다. 저는 회사원입니다.

그렇습니까! 저도 회사원입니다.

당신은 고등학생입니까? 아니오. 저는 중학생입니다.

스즈키씨는 중학생입니까? 아니오. 고등학생입니다.

야마다씨는 초등학생입니까? 예. 저는 초등학생입니다.

요시다씨도 초등학생입니까? 아니오. 저는 중학생입니다.

다나카씨의 남자친구는 한국인입니까? 일본인입니까?

◆ 지시대명사 연습

	사 물	연 체 사
근칭	これ(이것)	この(이)
중칭	それ(그것)	その(그)
원칭	あれ(저것)	あの(저)
부정칭	どれ(어느 것)	どの(어느)

의미	단어	의미	단어
책	本(ほん)	담배	たばこ
책상	つくえ	구두	くつ
의자	いす	누구	だれ
사전	辞書(じしょ)	가방	かばん
잡지	雑誌(ざっし)	시계	とけい
안경	めがね	휴대폰	ケータイ
신문	新聞(しんぶん)	차	車(くるま)
우산	かさ	커피	コーヒー

◆ 지시대명사1

これは何(なん)ですか。　それは____です。

それは何(なん)ですか。　これは____です。

あれは何(なん)ですか。　あれは____です。

つくえ

本

たばこ

いす

辞書

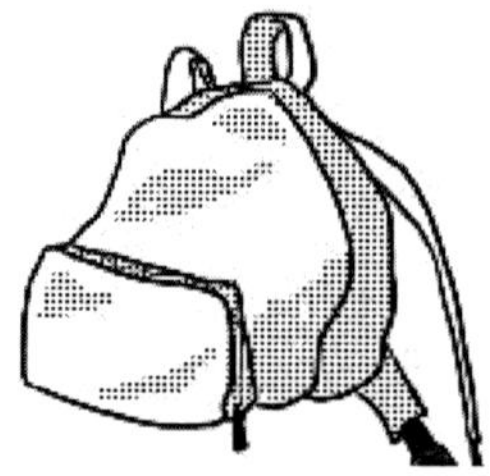

かばん

ケータイ

雑誌

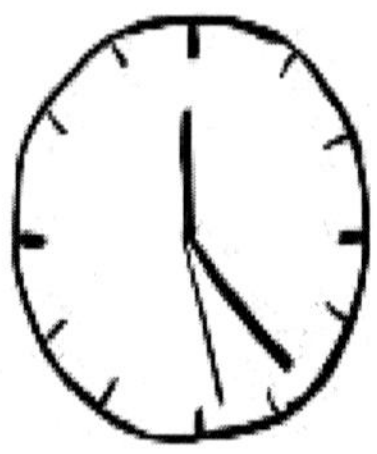

時計

◆ 지시대명사2

これは何(なん)ですか。　それは____です。

それは何(なん)ですか。　これは____です。

あれは何(なん)ですか。　あれは____です。

この____はだれのですか。

その____が田中(たなか)さんのです。

車(くるま)

めがね

コーヒー

新聞(しんぶん)

かさ

くつ

ノート

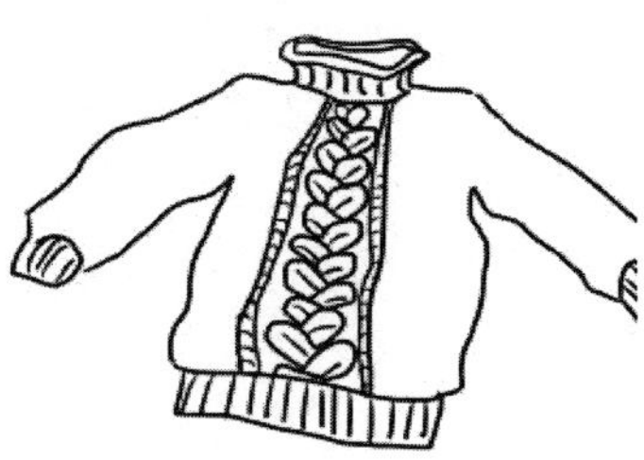

セーター

ボールペン

◆ 食(た)べ物(もの)カード

おにぎり	ごはん	せきはん
주먹밥	밥	팥찰밥
すし	のりまき	カレーライス
초밥	김밥	카레라이스
チャーハン	パン	ハンバーガー
볶음밥	빵	햄버거
サンドイッチ	うどん	そば
샌드위치	우동	메밀
ラーメン	スパゲッティ	やきそば
라면	스파게티	야키소바
たまごやき	オムレツ	おでん
계란말이	오믈렛	오뎅
てんぷら	からあげ	エビフライ
튀김	닭튀김	새우튀김
グラタン	コロッケ	サラダ
그라탕	고롯케	샐러드
とんかつ	ハンバーグ	めだまやき
돈가츠	햄버그	계란후라이
ギョーザ	みそしる	スープ
교자, 군만두	된장국	스프
シチュー	牛丼（ぎゅうどん）	天丼（てんどん）
스튜	규동(소고기 덮밥)	튀김덮밥

◆ 작문연습

이것은 무엇입니까?　그것은 책입니다.

그것은 시계입니다.

그것은 누구의 책입니까? 이것은 나의 책입니다.

이것은 당신의 책입니다.

저것은 무엇입니까? 저것은 선생님의 가방입니다.

그것은 당신의 책상입니까?

이것은 나의 책상이 아닙니다.

이것은 당신의 우산입니까?

그것은 나의 우산이 아닙니다.

이 휴대폰은 누구의 것입니까?

그 휴대폰은 나의 것입니다.

그 담배는 누구의 것입니까?

이 담배는 선생님의 것입니다.

저 차는 누구의 차입니까?

저 차는 다카하시씨의 차입니다.

이 사전은 선생님의 사전입니까?

아니오. 그것은 선생님의 것이 아닙니다.

당신의 안경은 어느 것 입니까?　저것입니다.

어느 구두가 당신의 구두입니까?

이 구두가 제 것입니다.

저 사전은 선생님의 것입니다.

이 신문은 제 것이 아닙니다.

그 휴대폰은 누구의 것입니까?

이 휴대폰은 친구의 것입니다.

이것은 누구의 노트입니까?

그것은 선생님의 노트입니다.

◆ 숫자 읽기

100	ひゃく	1,000	せん	10,000	★いちまん
200	にひゃく	2,000	にせん	20,000	にまん
300	さんびゃく	3,000	さんぜん	30,000	さんまん
400	よんひゃく	4,000	よんせん	40,000	よんまん
500	ごひゃく	5,000	ごせん	50,000	ごまん
600	ろっぴゃく	6,000	ろくせん	60,000	ろくまん
700	ななひゃく	7,000	ななせん	70,000	ななまん
800	はっぴゃく	8,000	はっせん	80,000	はちまん
900	きゅうひゃく	9,000	きゅうせん	90,000	きゅうまん

112	222	333	444	555	666	777	888	999	100
113	123	313	414	315	116	172	180	199	200
214	224	323	524	825	226	271	289	298	300
315	325	333	334	535	336	374	388	397	400
413	426	343	644	645	446	475	487	496	500
518	527	853	854	255	556	576	586	595	600
619	628	693	364	965	662	677	685	694	700
7100	6237	3732	2674	1175	8776	9778	13000	79300	80000
8120	2862	3835	6984	7785	2886	1879	88000	62892	90000
9110	1922	4936	5794	8895	9969	7970	25000	12991	10000

◆ 장소대명사 연습

	장 소	방 향
근칭	ここ(여기)	こちら=こっち(이쪽)
중칭	そこ(거기)	そちら=そっち(그쪽)
원칭	あそこ(저기)	あちら=あっち(저쪽)
부정칭	どこ(어디)	どちら=どっち(어느 쪽)

의미	단어	의미	단어
도서관	としょかん 図書館	영화관	えいがかん 映画館
병원	びょういん 病院	빵집	や パン屋
역	えき 駅	서점	ほんや 本屋
우체국	ゆうびんきょく 郵便局	편의점	コンビニ
회사	かいしゃ 会社	공원	こうえん 公園
백화점	デパート	학교	がっこう 学校

◆ 장소

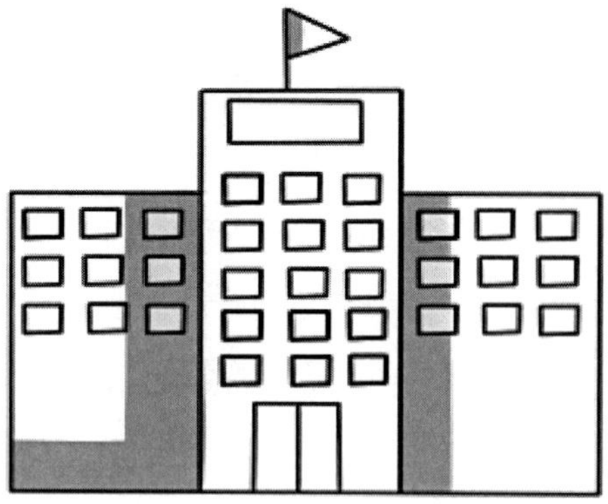

学校(がっこう)

公園(こうえん)

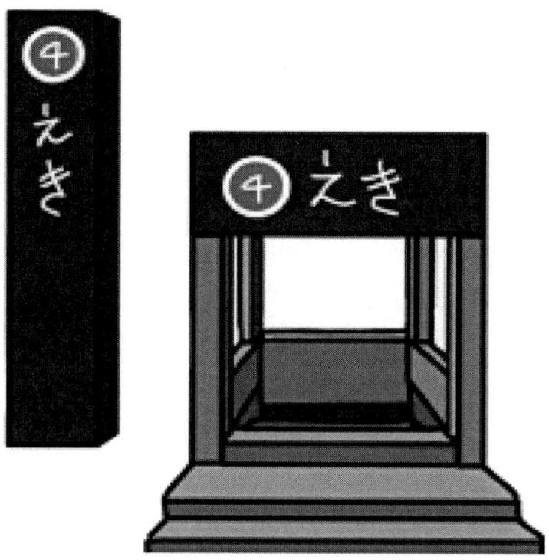

駅(えき)

コンビニ

トイレ

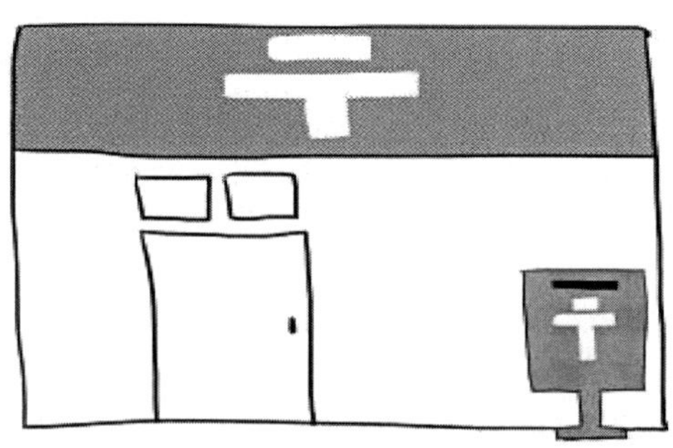

郵便局(ゆうびんきょく)

◆ 작문연습

여기는 어디입니까? 여기는 교실입니다.

화장실은 어디입니까? 화장실은 저기입니다.

거기는 어디입니까? 거기는 회사입니다.

병원은 어디입니까? 병원은 저기입니다.

당신의 집은 어디입니까? 나의 집은 여기입니다.

회사는 어디입니까? 회사는 거기입니다.

이것은 어디 휴대폰입니까? ドコモ의 휴대폰입니다.

그것은 어디 차입니까? 그것은 トヨタ차입니다.

이 펜은 당신의 것입니까? 예 그 펜은 제 것입니다.

도서관은 어디에 있습니까? 저기에 있습니다.

교실에 누가 있습니까? 선생님과 학생이 있습니다.

당신의 집은 어디에 있습니까? 집은 일산에 있습니다.

카메라는 어디에 있습니까? 저기에 있습니다.

고양이는 어디에 있습니까? 저기에 있습니다.

선생님은 학교에 있습니까? 아니오, 학교에 없습니다.

케익은 어디에 있습니까? 냉장고 안에 있습니다.

사전은 어디에 있습니까? 가방 안에 있습니다.

도서관은 어디에 있습니까? 식당 옆에 있습니다.

오늘부터 내일까지 시험입니다.

1시부터 3시까지 시험입니다.

수업은 매일 있습니까?

수업은 월요일부터 목요일까지입니다.

우체국은 몇 시부터 몇 시까지입니까?

우체국은 9시부터 4시까지입니다.

백화점은 몇 시부터 몇 시까지입니까?

백화점은 10시 반부터 7시 반까지입니다.

서점은 9시부터 8시까지입니다.

◆ 전화번호 말하기

0	4	7	9	-
ゼロ	よん	なな	きゅう	の

010-7498-0030
010-4657-9876
010-3210-6789
017-7463-2345
018-2468-9753
010-3838-4680
031-764-9741

◆ 신체부위 1

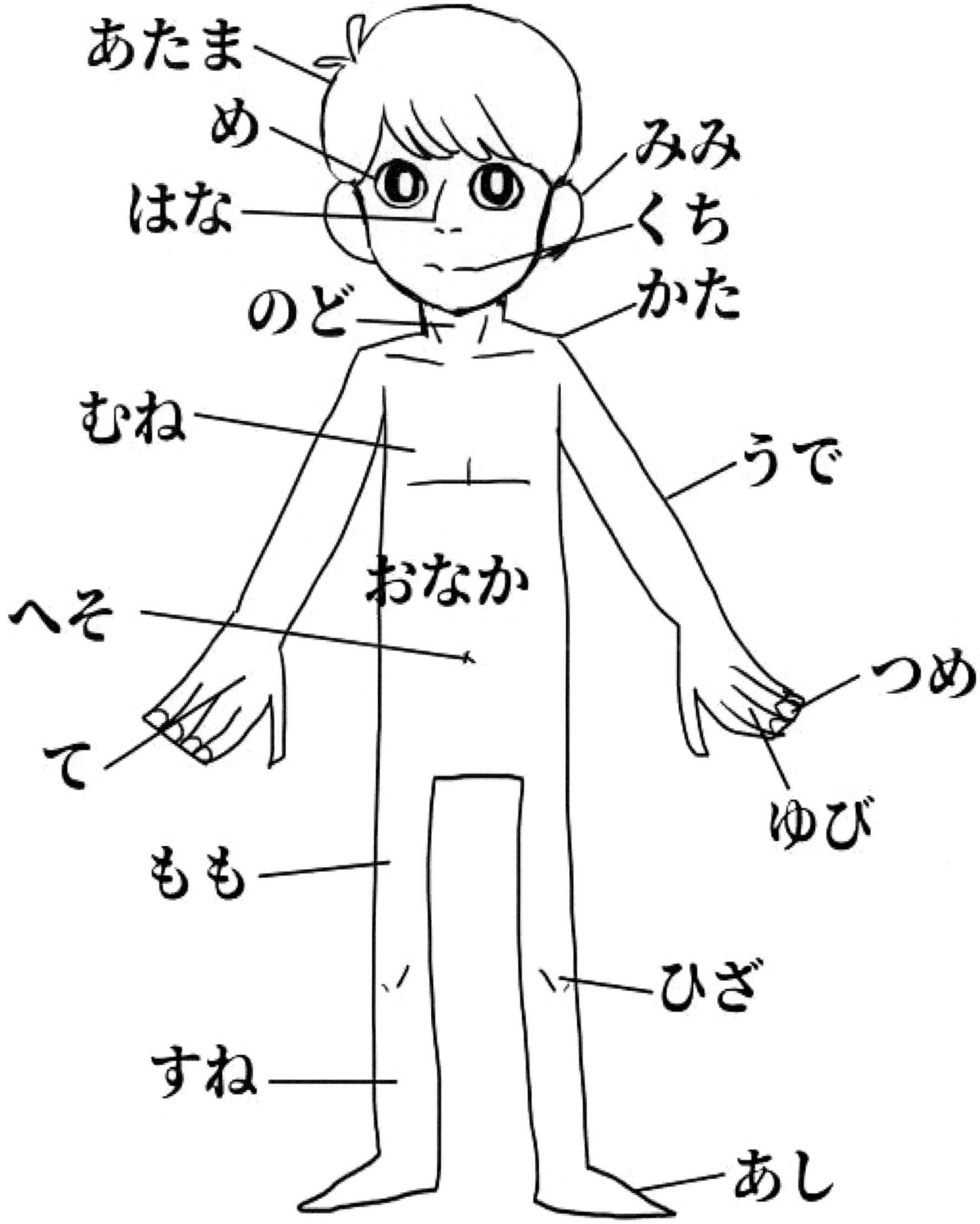

◆ 신체부위 2

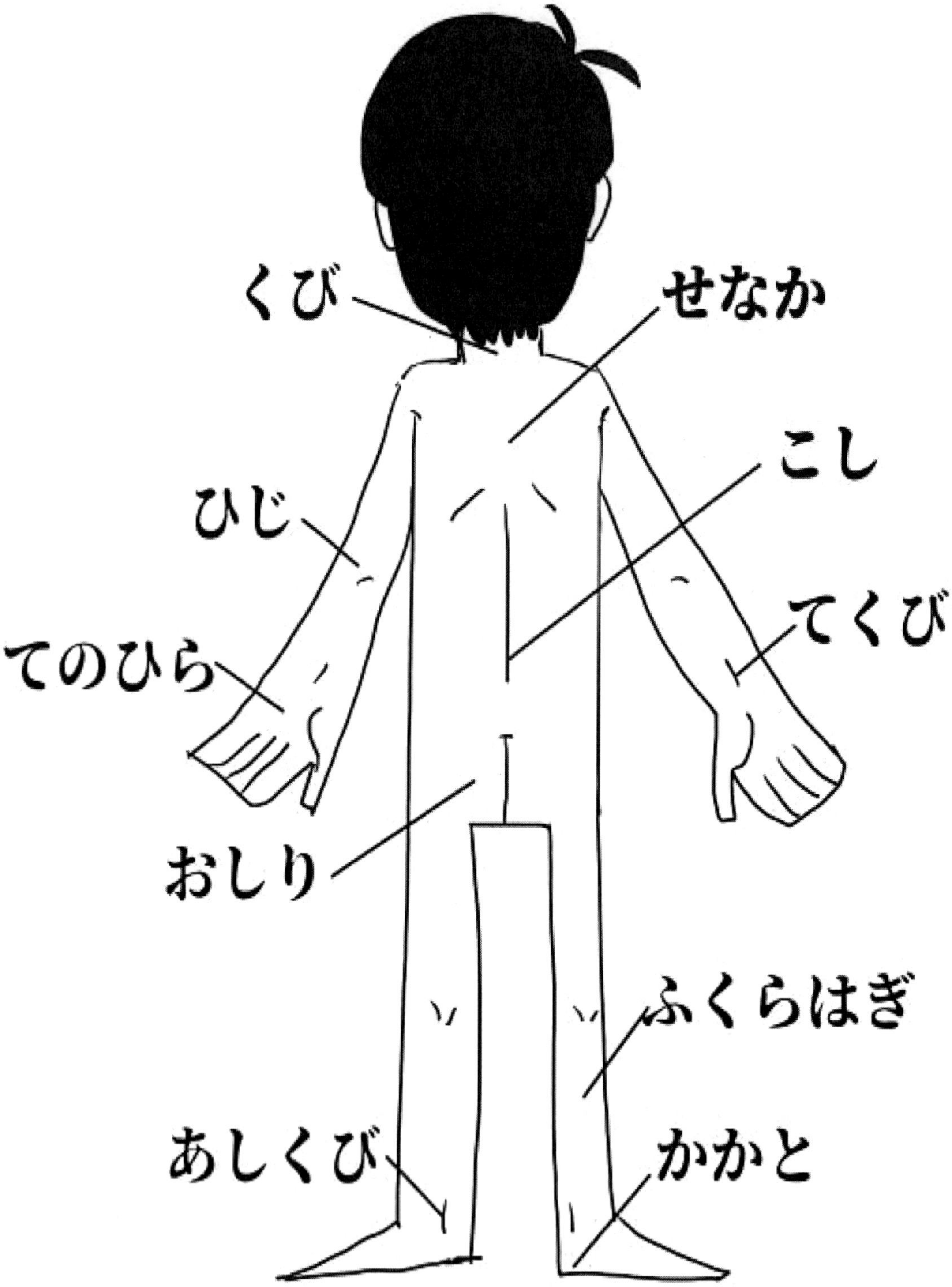

◆ 신체부위3

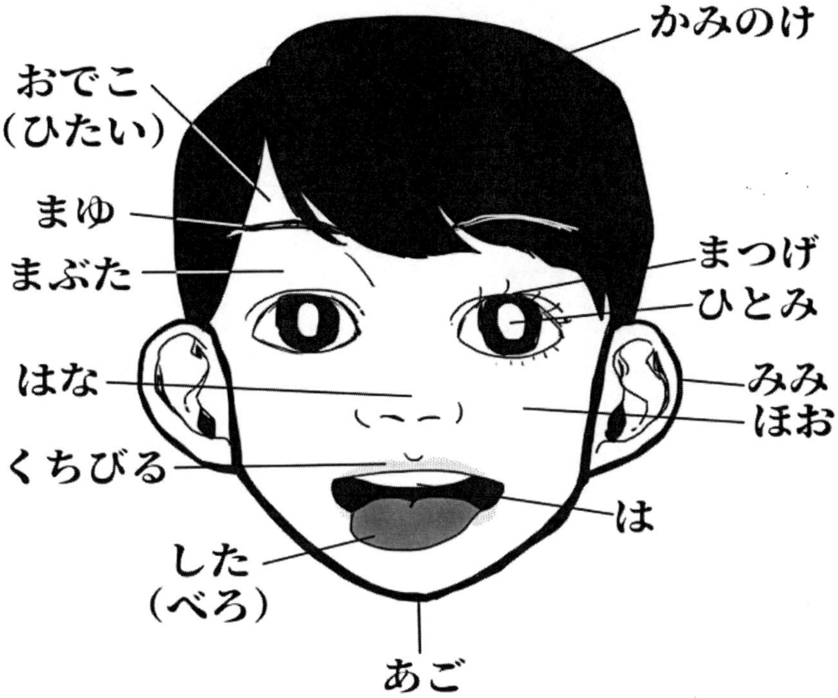
かみのけ
おでこ
（ひたい）
まゆ
まぶた
まつげ
ひとみ
はな
みみ
ほお
くちびる
は
した
（べろ）
あご

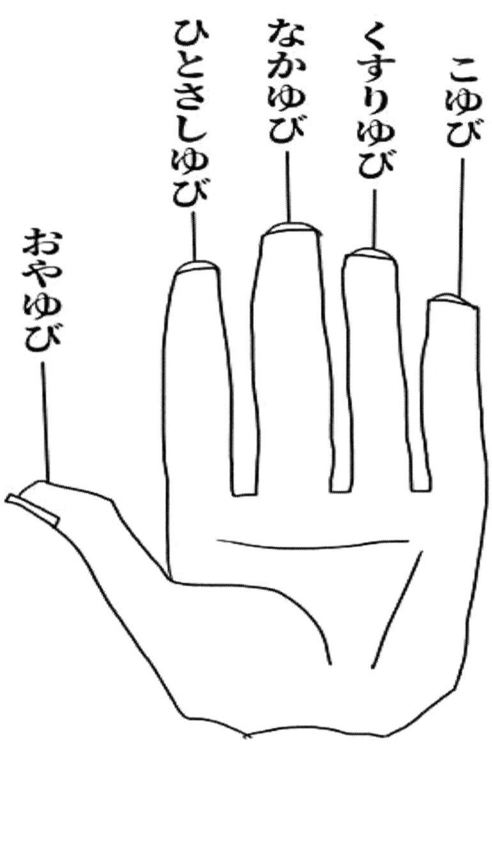
おやゆび
ひとさしゆび
なかゆび
くすりゆび
こゆび

◆ 품사별 활용방법

(1) 명사, な형용사의 정중체와 보통체

정중체	보통체
です。	だ。
ではありません。 (じゃありません。)	じゃない。
でした。	だった。
ではありませんでした。 (じゃありませんでした。)	じゃなかった。

(2) 형용사의 정중체와 보통체

정중체	보통체
です。	원형
~~い~~ くありません。 ~~い~~ くない(です)。	~~い~~ くない。
~~い~~ かったです。	~~い~~ かった。
~~い~~ くありませんでした。 ~~い~~ くなかった(です)。	~~い~~ くなかった。

(3) 동사의 정중체와 보통체

정중체	보통체
ます。	원형
ません。	ない형
ました。	た형
ませんでした。	なかった형

◆ い형용사 1

形容詞(けいようし)1			

おいしい	まずい	新(あたら)しい	古(ふる)い

高(たか)い	安(やす)い	高(たか)い	低(ひく)い

暑(あつ)い	寒(さむ)い	熱(あつ)い	冷(つめ)たい
	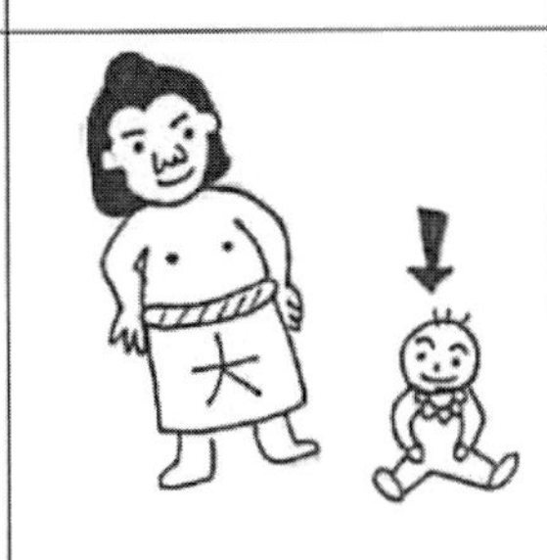		
大(おお)きい	小(ちい)さい	つまらない	面白(おもしろ)い

◆ い형용사 2

形容詞(けいようし) 2			

明(あか)るい	暗(くら)い	広(ひろ)い	狭(せま)い

遠(とお)い	近(ちか)い	難(むずか)しい	易(やさ)しい

長(なが)い	短(みじか)い	多(おお)い	少(すく)ない

おかしい	速(はや)い	遅(おそ)い	早(はや)い

◆ 작문연습

그 빵은 맛있습니까?　　(パン · おいしい)

네 이 빵은 맛있습니다. 맛있는 빵입니다.

그 커피는 비쌉니까?　　(コーヒー)

아니오. 비싸지 않습니다. 비싼 커피입니다.

일본어는 어렵습니까?　　(日本語 · 難しい)

일본어는 어렵지 않습니다. 쉽습니다.　　(易しい)

여름은 춥습니까?　　(夏 · 寒い)

아니오, 춥지 않습니다. 덥습니다. 더운 여름입니다.

한국의 겨울은 춥습니까?　　(韓国 · 冬)

네. 한국의 겨울은 매우 춥습니다.

일본의 겨울은 한국보다 춥지는 않습니다.

추운 겨울입니다.

저 가방은 큽니까? 아니오. 저 가방은 크지 않습니다.

저 가방은 작은 가방입니다.

공부는 재미있습니까? (勉強)

아니오. 그다지 재미있지 않습니다.

당신의 방은 밝습니까? 네. 매우 밝습니다.

이 공원은 매우 넓군요. (公園)

한자는 어렵군요.(漢字) 재미있는 일본어입니다.

비싼 원피스는 제 것이 아닙니다. (ワンピース)

선생님은 저보다 키가 크지 않습니다. (背)

오늘은 어제보다 덥습니까? (今日 · 昨日)

네. 어제보다 덥습니다.

차가운 커피주세요.

오늘은 매우 춥군요. 오늘은 일찍 왔네요.

공부는 재미없습니다. (べんきょう)

공부는 재미있습니다.

◆ ＿＿＿はいくらですか。＿＿＿です。

ラーメン (560円(えん))	
ソフトクリーム (300円(えん))	
コーラ (250円(えん))	
生(なま)ビール (400円(えん))	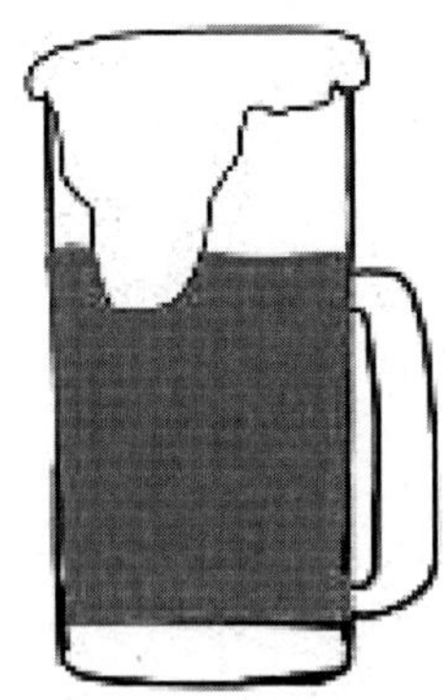

◆ ＿＿＿はいくらですか。＿＿＿です。

カレー (680円)	
トンカツ (980円)	
ホットコーヒー (320円)	
パン (400円)	

◆ 今何時(いまなんじ)ですか。

時(じ)(시) / 何時(なんじ)(몇 시)

1時	2時	3時	4時	5時	6時
いちじ	にじ	さんじ	よじ	ごじ	ろくじ
7時	8時	9時	10時	11時	12時
しちじ	はちじ	くじ	じゅうじ	じゅういちじ	じゅうにじ

分(분) / 何分(なんぷん)(몇 분)

1分	2分	3分	4分	5分	6分
いっぷん	にふん	さんぷん	よんぷん	ごふん	ろっぷん
7分	8分	9分	10分	11分	12分
ななふん	はっぷん	きゅうふん	じゅっぷん	じゅう いっぷん	じゅう にふん
13分	14分	15分	16分	17分	18分
じゅう さんぷん	じゅう よんぷん	じゅう ごふん	じゅう ろっぷん	じゅう ななふん	じゅう はっぷん
19分	20分	30分	40分	50分	60分
じゅう きゅうふん	に じゅっぷん	さん じゅっぷん	よん じゅっぷん	ご じゅっぷん	ろく じゅっぷん

*10/じゅう, 20/にじゅう, 30/さんじゅう, 40/よんじゅう, 50/ごじゅう

◆ 今何時(いまなんじ)ですか。

◆ な형용사 1

な形容詞(けいようし)1			

好(す)きだ	嫌(きら)いだ	上手(じょうず)だ	下手(へた)だ
	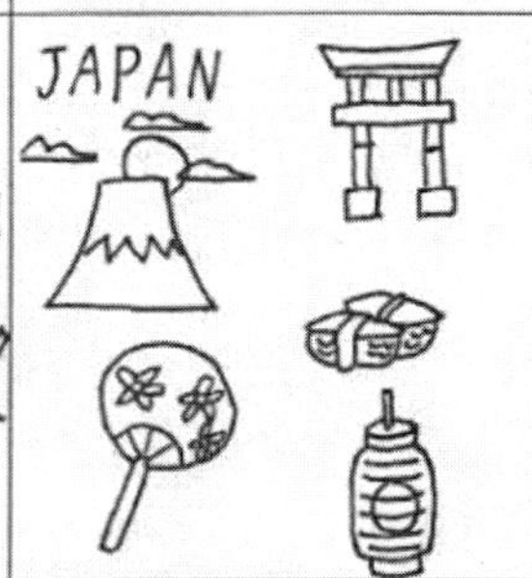		
きれいだ	有名(ゆうめい)だ	静(しず)かだ	賑(にぎ)やかだ

便利(べんり)だ	不便(ふべん)だ	丈夫(じょうぶ)だ	大事(だいじ)だ

得意(とくい)だ	苦手(にがて)だ	暇(ひま)だ	盛(さか)んだ

◆ 가족호칭

가족	내가 부를 때	남에게 얘기할 때
할아버지	おじいさん	そふ
할머니	おばあさん	そぼ
아버지	お父(とう)さん	ちち
어머니	お母(かあ)さん	はは
누나	お姉(ねえ)さん	あね
형	お兄(にい)さん	兄(あに)

◆ 시계복습

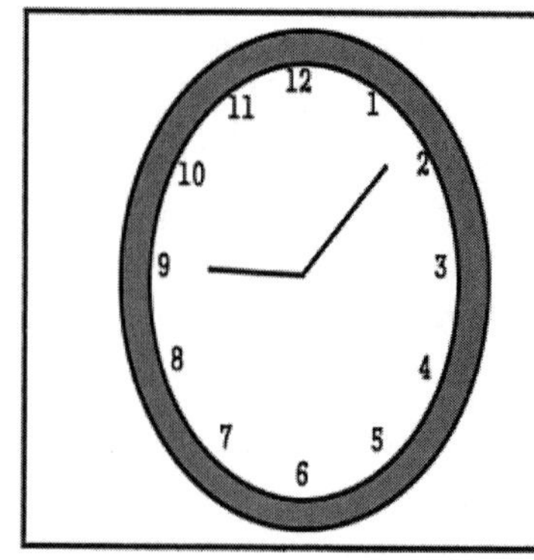

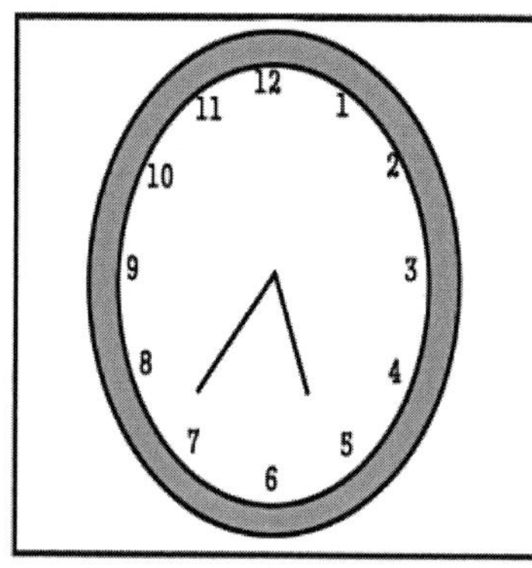
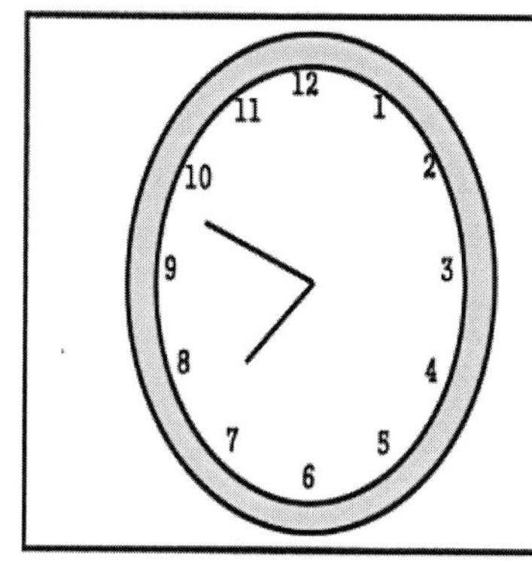

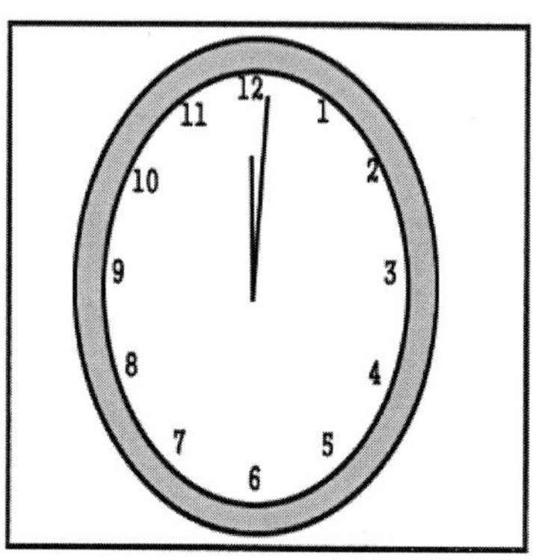
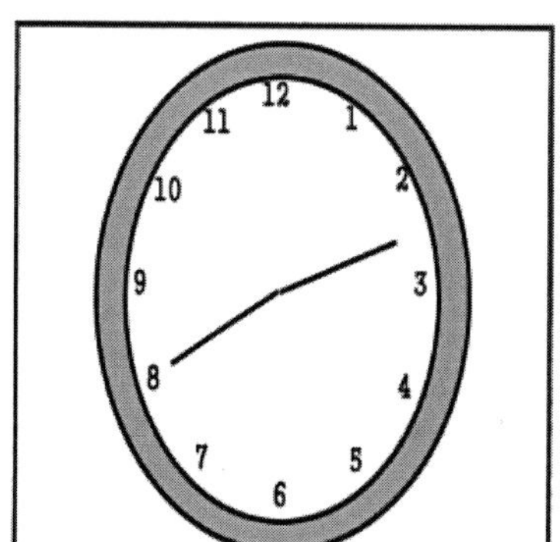

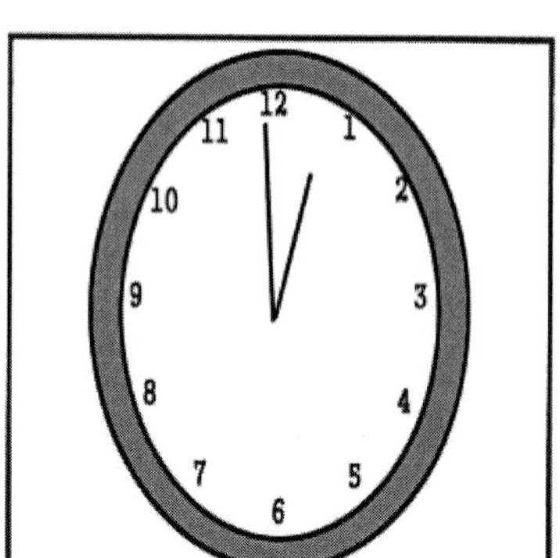
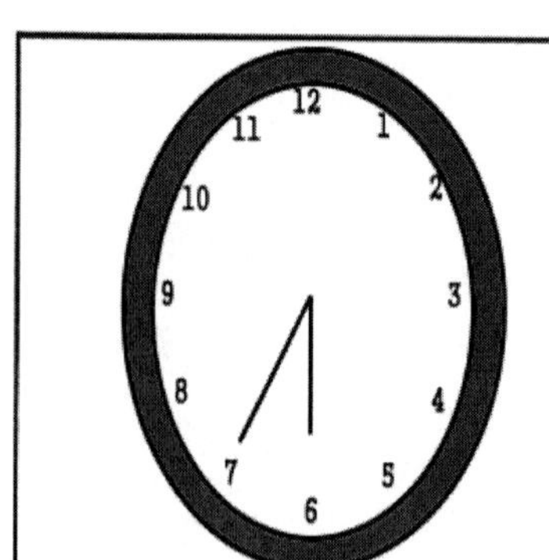

◆ 회화연습

음식 중에서 무엇을 가장 좋아합니까?

た　もの　なか　なに　いちばんす

食べ物の中で何が一番好きですか。

음료 중에서 무엇을 가장 좋아합니까?

の　もの　なか　なに　いちばんす

飲み物の中で何が一番好きですか。

스포츠 중에서 무엇을 가장 좋아합니까?

なか　なに　いちばんす

スポーツの中で何が一番好きですか。

연예인 중에서 누구를 가장 좋아합니까?

げいのうじん　なか　だれ　いちばんす

芸能人の中で誰が一番好きですか。

계절 중에서 언제를 가장 좋아합니까?

きせつ　なか　いちばんす

季節の中でいつが一番好きですか。

음식 중에서 무엇을 가장 싫어합니까?

た　もの　なか　なに　いちばん

食べ物の中で何が一番きらいですか。

음료 중에서 무엇을 가장 싫어합니까?

の　もの　なか　なに　いちばん

飲み物の中で何が一番きらいですか。

스포츠 중에서 무엇을 가장 잘합니까?

なか　なに　いちばんじょうず　とくい

スポーツの中で何が一番上手・得意ですか。

연예인 중에서 누구를 싫어합니까?

げいのうじん　なか　だれ　いちばん

芸能人の中で誰が一番きらいですか。

계절 중에서 언제를 싫어합니까?

きせつ　なか　いちばん

季節の中でいつが一番きらいですか。

◆ 회화연습

음식 중에서 무엇을 가장 좋아합니까?

음료 중에서 무엇을 가장 좋아합니까?

스포츠 중에서 무엇을 가장 좋아합니까?

연예인 중에서 누구를 가장 좋아합니까?

계절 중에서 언제를 가장 좋아합니까?

음식 중에서 무엇을 가장 싫어합니까?

음료 중에서 무엇을 가장 싫어합니까?

스포츠 중에서 무엇을 가장 잘합니까?

연예인 중에서 누구를 싫어합니까?

계절 중에서 언제를 싫어합니까?

◆ な형용사 작문연습

당신은 고양이를 좋아합니까? 예, 매우 좋아합니다.(猫)

저는 생선구이를 싫어합니다.(焼き魚)

다나카씨는 그림을 잘 그리는군요.(絵)

요시다상은 너무 예쁩니다.

요시다상의 방은 깨끗합니다.

일본에서는 무엇이 유명합니까?

이 방은 매우 조용하군요.

한국에서 가장 번화한 곳은 어디입니까? 명동입니다.

이 버스는 매우 편리합니다.

이번 일요일 한가하세요?

저 레스토랑은 유명합니까? (レストラン · 有名)

저 레스토랑은 유명하지 않습니다.

유명한 레스토랑입니다.

바나나를 좋아합니까? (バナナ · 好き)

아니오. 좋아하지 않습니다.

귤을 좋아합니다. (みかん · 好き)

당신의 방은 깨끗합니까? (部屋 · きれい)

예, 매우 깨끗합니다. 아니오, 깨끗하지 않습니다.

깨끗한 방은 누구의 방입니까?

다나카씨는 친절합니까? 예 친절합니다.

친절한 다나카씨입니다.

저는 그림을 잘 못그립니다.

제 특기는 요리입니다. (料理)

하지만 수학은 정말 못합니다.(数学)

자전거는 조금 불편합니다. (自転車)

◆ 果物（くだもの）

りんご	バナナ
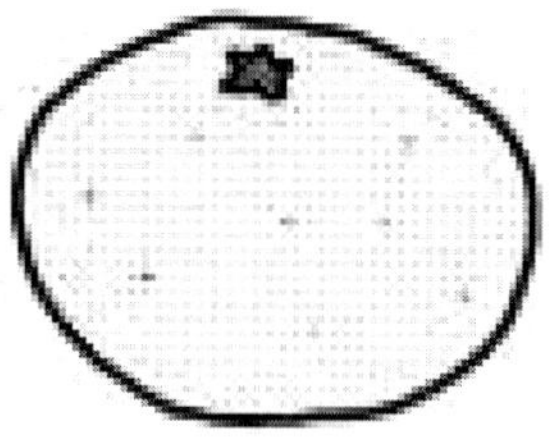	
みかん	いちご
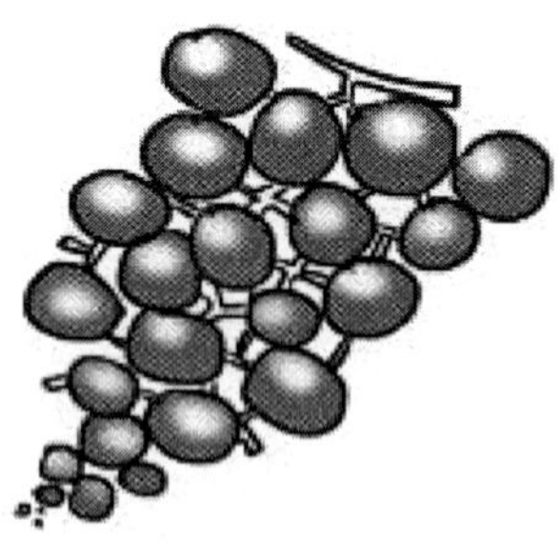	
ぶどう	すいか

◆ 野菜（やさい）

	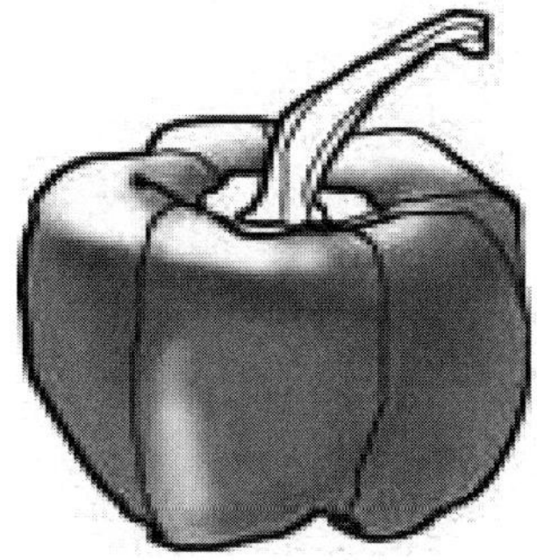
にんじん	ピーマン
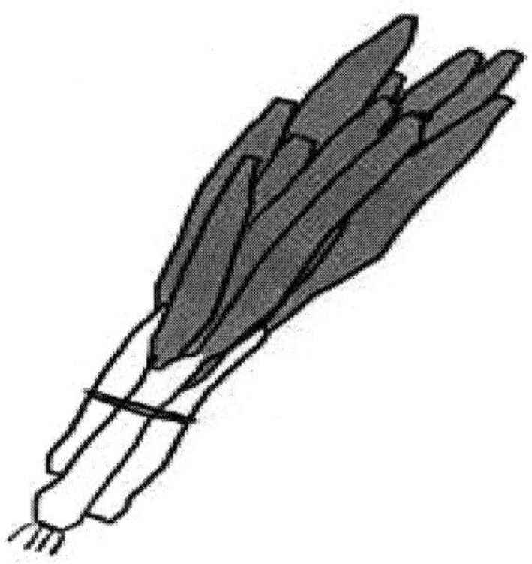	
ながねぎ	たまねぎ
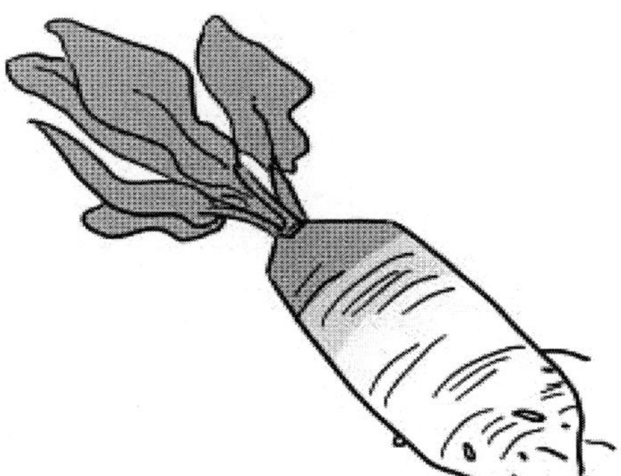	
だいこん	ほうれんそう

◆ 동사의 종류

동사의 종류		ます형
1그룹 동사		い단 + ます
2그룹 동사		る를 빼고 ます
3그룹 동사	くる	きます(옵니다)
	する	します(합니다)

의미	원형	종류	ます형
피우다	吸う		
가르치다	教える		
만나다	会う		
자다	寝る		
타다	乗る		
읽다	読む		
먹다	食べる		
놀다	遊ぶ		
쓰다	書く		
서두르다	急ぐ		
이야기하다	話す		
오다	来る		
하다	する		
일어나다	起きる		
가다	行く		
마시다	飲む		
노래하다	歌う		
듣다/묻다	聞く		

◆ 動詞 1

動詞(どうし)1			

行く	買う	書く	～に会う
		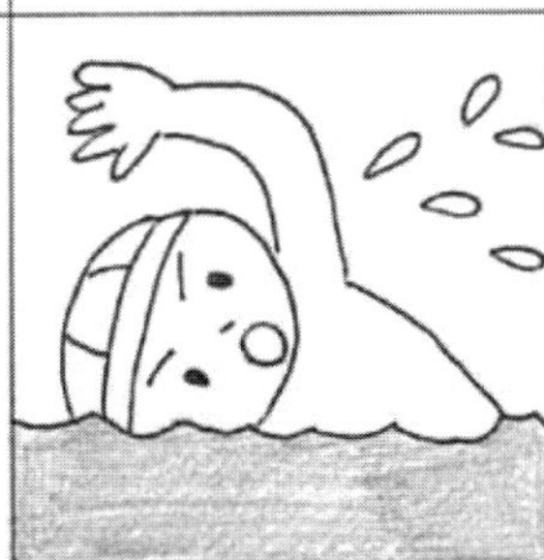	
見る	降る	泳ぐ	歌う

読む	笑う	起きる	聞く

寝る	～に乗る	開ける	食べる

◆　動詞 2

動詞(どうし) 2			

吸う	飲む	教える	洗う

撮る	焼く	着る	話す

消す	帰る	切る	握る

捨てる	並ぶ	泣く	痩せる

◆ 동사 작문연습 1

지금 어디에 갑니까? 어디에도 가지 않습니다.

몇 시에 일어났습니까? 7시에 일어났습니다.

몇 시에 학교에 갑니까? 9시에 갑니다.

지금부터 무엇을 합니까? 밥을 먹습니다.

공부를 합니다. 커피를 마십니다. 영화를 봅니다.

어제 무엇을 했습니까?

친구와 밥을 먹었습니다. 친구와 영화를 봤습니다.

공부를 했습니다. 백화점에서 가방을 샀습니다.

책을 읽었습니다. 친구를 만났습니다.

당신은 케익을 좋아합니까?

아니오. 그다지 좋아하지 않습니다. 예. 매우 좋아합니다.

어제는 몇 시에 집에 갔습니까?

어제는 12시에 돌아갔습니다.

점심은 몇 시에 먹습니까? 12시에 먹습니다.

점심 먹었습니까? 예. 먹었습니다. 아니오. 아직 입니다.

몇 시에 잡니까? 12시에 잡니다.

내일은 몇 시에 집에 옵니까?

8시 반에 집에 옵니다.

몇 시부터 몇 시까지 공부를 합니까?

◆ 動詞 3

動詞(どうし) 3			

太る	怒る	叱る	吹く

拭く	歩く	逃げる	履く

脱ぐ	渡る	壊す	飛ぶ

倒れる	並べる	祈る	勝つ

◆ 動詞4

動詞(どうし)4			

踊る	運ぶ	止める	晴れる

酔う	回す	打つ	投げる

滑る	磨く	落ちる	拾う
			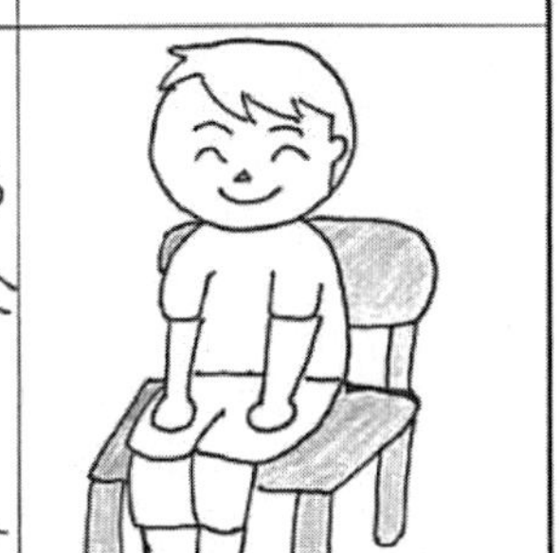
踏む	噛む	お風呂に入る	座る

◆ 동사 작문연습2

어제는 책을 읽었습니다. 음악도 들었습니다.

어제는 몇 시에 잤습니까?

새벽 1시에 잤습니다. (深夜(しんや))

담배를 피웁니까? 아니오. 담배를 피우지 않습니다.

누구와 이야기했습니까? 친구와 이야기했습니다.

몇 시에 집에 갔습니까? 어제는 집에 가지 않았습니다.

손을 닦았습니까? 아니오. 닦지 않았습니다.

저는 사진 찍는 것을 좋아합니다.(写真(しゃしん)を撮(と)る)

오늘은 스웨터를 입습니다.

내가 이겼습니다.

어제는 많이 걸었습니다. (たくさん)

역에서 친구를 만났습니다.

집에서 영화를 봤습니다.

커피를 마셨습니까? 예. 마셨습니다.

오늘은 8시까지 일했습니다.

약을 먹었습니까? 아직 입니다.

저는 음악을 듣는 것을 좋아합니다.

저녁 먹었습니까? 아직 입니다. 예. 먹었습니다.

어제는 누구를 만났습니까? 친구를 만났습니다.

어디에서 만났습니까? 백화점에서 만났습니다.

◆ 주요숙어

숙어	의미
新聞を読む、漫画を見る	신문을 보다, 만화를 보다
映画を見る、テレビを見る	영화를 보다, 텔레비전
コーヒーを飲む、お酒を飲む	커피를 마시다, 술을 마시다
ご飯を食べる 朝ご飯、昼ご飯、晩ご飯	밥을 먹다 아침, 점심, 저녁
仕事をする、勉強する	일을 하다, 공부하다
友達と話す	친구와 이야기하다
たばこ(タバコ)を吸う	담배를 피우다
友達に会う	친구를 만나다
家へ帰る、会社に行く	집에 가다, 회사에 가다
音楽を聞く、絵をかく	음악을 듣다, 그림을 그리다
お風呂に入る、シャワーをあびる	목욕을 하다, 샤워를 하다
買い物をする、買い物に行く	쇼핑하다, 쇼핑하러 가다
写真を撮る、夢をみる	사진을 찍다, 꿈을 꾸다
タバコをやめる、お酒をやめる	담배를 끊다, 술을 끊다
食事をする、運動をする	식사를 하다, 운동을 하다
薬を飲む、お茶を入れる	약을 먹다, 차를 달이다
歌を歌う	노래를 부르다
バスに乗る、タクシーに乗る	버스를 타다, 택시를 타다

◆ 동사 익히기

동사	의미	동사	의미	동사	의미
会う	만나다	あげる	주다	切る	자르다
開ける	열다	集まる	모이다	着替える	갈아입다
洗う	씻다	遊ぶ	놀다	来る	오다
歩く	걷다	ある	있다	比べる	비교하다
言う	말하다	いる	있다	配る	나누다
行く	가다	要る	필요하다	消す	끄다
生きる	살다	急ぐ	서두르다	困る	곤란하다
いじめる	괴롭히다	祈る	기도하다	込む	혼잡하다
歌う	노래하다	動く	움직이다	咲く	피다
着る	입다	打つ	치다	探す	찾다
売る	팔다	うける	받다	する	하다
選ぶ	선택하다	得る	얻다	下がる	내려가다
思う	생각하다	起きる	일어나다	死ぬ	죽다
終わる	끝나다	教える	가르치다	知る	알다
泳ぐ	수영하다	覚える	기억하다	閉める	닫다
書く	쓰다	勝つ	이기다	しゃべる	수다떨다
買う	사다	借りる	빌리다	座る	앉다
帰る	돌아가다	返す	반납하다	済む	끝내다
考える	생각하다	頑張る	분발하다	吸う	피우다
感じる	느끼다	聞く	듣다	捨てる	버리다

◆ ます형 +たい(~하고 싶다)

활용	의미
ます形(けい) + たい(です)	~하고 싶습니다.
ます形(けい) + たくない(です)	~하고 싶지 않습니다.
ます形(けい) + たかった(です)	~하고 싶었습니다.
ます形(けい) + たくなかった(です)	~하고 싶지 않았습니다.

동사	たいです	たくないです	たかったです	たくなかったです
行(い)く				
会(あ)う				
遊(あそ)ぶ				
走(はし)る				
吸(す)う				
読(よ)み				
寝(ね)る				
する				
見(み)る				
帰(かえ)る				
買(か)う				

◆ ます形＋たいです。(~하고 싶습니다.)
たくありません。(~하고 싶지 않습니다.)

무엇을 먹고 싶습니까? 돈가스를 먹고 싶습니다.(とんかつ＝トンカツ)

아무것도 먹고 싶지 않습니다.(何も食べたくありません。)

무엇을 마시고 싶습니까? 커피를 마시고 싶습니다.(コーヒー)

아무것도 마시고 싶지 않습니다.(何も飲みたくありません。)

무엇을 사고 싶습니까? (買う) 새 휴대폰을 사고 싶습니다. (ケータイ)

어디에 가고 싶습니까? 미국에 가고 싶습니다. (アメリカ)

어디에도 가고 싶지 않습니다.(どこにも行きたくありません。)

어떤 영화를 보고 싶습니까? (映画を見る) " 〜〜 "를 보고 싶습니다.

누구를 만나고 싶습니까? (に会う) 선생님을 보고 싶습니다.

어떤 음악을 듣고 싶습니까? (音楽) " 〜〜 "를 듣고 싶습니다.

무엇을 하고 싶습니까? 여행가고 싶습니다. (旅行)

쉬고 싶습니다. (休む) 자고 싶습니다. (寝る)

빵을 먹고 싶습니다. (パン) 친구와 놀고 싶습니다. (遊ぶ)

영화를 보고 싶습니다. (映画を見る) 집에 가고 싶습니다.

어떤 책을 읽고 싶습니까? 소설을 읽고 싶습니다.

일본 어디를 가고 싶습니까? 동경에 가고 싶습니다.

친구와 이야기하고 싶습니다. (友だちと話す)

사진을 찍고 싶지 않습니다. (写真を撮る)

쇼핑을 하고 싶지 않습니다. (買い物をする)

술을 마시고 싶지 않습니다. (お酒を飲む)

노래를 부르고 싶지 않습니다. (歌を歌う)

◆ 예외 5단 동사 익히기

예외 5단 동사	의미	ます형
かえ 帰る	돌아가다	かえ 帰ります
はい 入る	들어가다	はい 入ります
はし 走る	달리다	はし 走ります
い 要る	필요하다	い 要ります
し 知る	알다	し 知ります
き 切る	자르다	き 切ります
へ 減る	줄다, 감소하다	へ 減ります
すべ 滑る	미끄러지다	すべ 滑ります
しゃべる	떠들다	しゃべります
にぎ 握る	쥐다, 잡다	にぎ 握ります

◆ 품사별 활용방법

(1) 명사, な형용사의 정중체와 보통체

정중체	보통체
です。	だ。
ではありません。 （じゃありません。）	じゃない。
でした。	だった。
ではありませんでした。 （じゃありませんでした。）	じゃなかった。

명사 단어	의미	な형용사 단어	의미

(2) 형용사의 정중체와 보통체

정중체	보통체
です。	원형
い くありません。 い くない(です)。	い くない。
い かったです。	い かった。
い くありませんでした。 い くなかった(です)。	い くなかった。

형용사	의미	형용사	의미

(3) 동사의 정중체와 보통체

정중체	보통체
ます。	원형
ません。	ない형
ました。	た형
ませんでした。	なかった형

동사	ます	ません	ました	ませんでした

きょう　なんがつなんにち
◆ 今日は何月何日ですか。

1月	2月	3月	4月
いちがつ	にがつ	さんがつ	しがつ
5月	6月	7月	8月
ごがつ	ろくがつ	しちがつ	はちがつ
9月	10月	11月	12月
くがつ	じゅうがつ	じゅういちがつ	じゅうにがつ

1日	2日	3日	4日	5日
ついたち	ふつか	みっか	よっか	いつか
6日	7日	8日	9日	10日
むいか	なのか	ようか	ここのか	とおか
11日	12日	13日	14日	15日
じゅう いちにち	じゅうににち	じゅう さんにち	じゅうよっか	じゅう ごにち
16日	17日	18日	19日	20日
じゅう ろくにち	じゅう しちにち	じゅう はちにち	じゅうくにち	はつか
21日	22日	23日	24日	25日
にじゅう いちにち	にじゅう ににち	にじゅう さんにち	にじゅう よっか	にじゅう ごにち
26日	27日	28日	29日	30日
にじゅう ろくにち	にじゅう しちにち	にじゅう はちにち	にじゅう くにち	さんじゅう にち
31日	さんじゅういちにち			

◆ **お誕生日(たんじょうび)はいつですか。**

クリスマスはいつですか。

こどもの日(ひ)はいつですか。

◆ **今日(きょう)は何月何日(なんがつなんにち)ですか。明日(あした)は何月何日(なんがつなんにち)ですか。**

昨日(きのう)は何月何日(なんがつなんにち)でしたか。

12月(がつ)25日(にち)は何曜日(なんようび)ですか。

4월 9일	9월14일	7월 4일
10월 29일	3월 3일	5월 24일
9월19일	10월 2일	4월 13일

きのう 昨日	어제	きょう 今日	오늘	あした 明日	내일
せんしゅう 先週	지난주	こんしゅう 今週	이번 주	らいしゅう 来週	다음주
せんげつ 先月	지난달	こんげつ 今月	이번 달	らいげつ 来月	다음달
きょねん 去年	작년	ことし 今年	금년 올해	らいねん 来年	내년

◆ 今日(きょう)は何曜日(なんようび)ですか。

今日(きょう)は何曜日(なんようび)ですか。

今日(きょう)は火曜日(かようび)です。

昨日(きのう)は何曜日(なんようび)でしたか。

昨日(きのう)は月曜日(げつようび)でした。

明日(あした)は何曜日(なんようび)ですか。

明日(あした)は水曜日(すいようび)です。

何曜日(なんようび)が好(す)きですか。

金曜日(きんようび)が好(す)きです。

テストは何曜日(なんようび)から何曜日(なんようび)までですか。

月曜日(げつようび)から土曜日(どようび)までテストです。

毎週(まいしゅう)の月曜日(げつようび)は休(やす)みです。

今日(きょう)は何曜日(なんようび)ですか。			
月曜日	火曜日	水曜日	木曜日
げつようび	かようび	すいようび	もくようび
金曜日	土曜日	日曜日	休日
きんようび	どようび	にちようび	きゅうじつ

◆ 동사의 활용연습

원형	ましょう	ましょうか	ませんか
歌(うた)う			
食(た)べる			
帰(かえ)る			
持(も)つ			
教(おし)える			
休(やす)む			
入(はい)る			
着(き)る			
作(つく)る			
遊(あそ)ぶ			
泣(な)く			
思(おも)う			
置(お)く			
降(お)りる			
笑(わら)う			
呼(よ)ぶ			
覚(おぼ)える			

◆ 작문연습

어디에서 만날까요? 좀 쉬지 않겠습니까?

함께 밥을 먹지 않겠습니까? (一緒[いっしょ]に)

무엇을 먹고 싶습니까?

매운 것을 먹고 싶습니다. (辛[から]いもの)

무엇을 마시고 싶습니까?

차가운 커피를 마시고 싶습니다.

어디에 가고 싶습니까? 일본에 가고 싶습니다.

무엇을 사고 싶습니까? 새 휴대폰을 사고 싶습니다.

무엇을 하고 싶습니까? 집에 가고 싶습니다.

쉬고 싶습니다. 자고 싶습니다.

공부하고 싶습니다.

오늘은 아무것도 먹고 싶지 않습니다.

마시고 싶지 않습니다.

아무것도 사고 싶지 않습니다.

오늘은 좋은 날씨군요. (天気[てんき])

음악이라도 들을까요?

커피라도 마실까요?

친구를 만나고 싶습니다.

생일은 언제입니까? 8월 24일입니다.

크리스마스는 언제입니까? (クリスマス)

◆ 품사구별

명사	な형용사	형용사	동사
会社員(かいしゃいん)	暇(ひま)だ	明(あか)るい 暗(くら)い	降(ふ)る
旅行(りょこう)	簡単(かんたん)だ	広(ひろ)い 狭(せま)い	読(よ)む
料理(りょうり)	上手(じょうず)だ 下手(へた)だ	高(たか)い 安(やす)い	出(だ)す
音楽(おんがく)	新鮮(しんせん)だ	忙(いそが)しい	会(あ)う
子供(こども)	親切(しんせつ)だ	長(なが)い 短(みじか)い	持(も)つ
休(やす)み	便利(べんり)だ 不便(ふべん)だ	大(おお)きい 小(ちい)さい	休(やす)む
試験(しけん)	丈夫(じょうぶ)だ	多(おお)い 少(すく)ない	話(はな)す
部屋(へや)	きれいだ	新(あたら)しい 古(ふる)い	行(い)く
勉強(べんきょう)	きらいだ	うるさい	起(お)きる

◆ 품사별 체언수식방법

명사	の	명사	私(わたし)の本(ほん)	今度(こんど)の日曜日(にちようび)
な형용사	な	명사	有名(ゆうめい)な本(ほん)	暇(ひま)な日曜日(にちようび)
형용사	×	명사	高(たか)い本(ほん)	忙(いそが)しい日曜日(にちようび)
동사	×	명사	行(い)く時(とき)	食(た)べる人(ひと)

* 조사

は		から		より	
を		まで		でも	
が		で		しか	
に		か		ぐらい	
も		と		など	

* 지시대명사

	사물	장소	연 체 사	
근칭	これ	ここ	この	こちら
중칭	それ	そこ	その	そちら
원칭	あれ	あそこ	あの	あちら
부정칭	どれ	どこ	どの	どちら

◆ て形 (1)

<table>
<tr><th colspan="2">품사</th><th>て形(~하고,~이고,~해서)</th></tr>
<tr><td colspan="2">명사, な형용사</td><td>で</td></tr>
<tr><td colspan="2">형용사</td><td>い 를 빼고 くて (いい⇒よくて)</td></tr>
<tr><td colspan="3">동사</td></tr>
<tr><td colspan="2">1그룹</td><td>う、つ、る⇒って
ぬ、む、ぶ⇒んで
く⇒いて、ぐ⇒いで、す⇒して
例外(れいがい)＞ 行(い)く⇒行(い)って</td></tr>
<tr><td colspan="2">2그룹</td><td>る 를 빼고 て</td></tr>
<tr><td rowspan="2">3그룹</td><td>する</td><td>して</td></tr>
<tr><td>来る</td><td>来て</td></tr>
</table>

★ 練習(れんしゅう)してみましょう！

単語(たんご)	て形	単語(たんご)	て形
有名(ゆうめい)だ		学生(がくせい)	
先生(せんせい)		休(やす)み	
親切(しんせつ)だ		新(あたら)しい	
きれいだ		おもしろい	
おいしい		嫌(きら)いだ	
辛(から)い		いい	
静(しず)かだ		暇(ひま)だ	

◆ て形 (2)

동사		て形(~하고, ~이고,~해서)
1그룹		う、つ、る⇒って ぬ、む、ぶ⇒んで く⇒いて、ぐ⇒いで、す⇒して 例外(れいがい)＞ 行(い)く⇒行(い)って
2그룹		る 를 빼고 て
3그룹	する	して
	来る	来て

単語(たんご)	て形	単語(たんご)	て形
書(か)く		取(と)る	
飲(の)む		吸(す)う	
食(た)べる		切(き)る	
待(ま)つ		知(し)る	
話(はな)す		着(き)る	
教(おし)える		洗(あら)う	
見(み)る		急(いそ)ぐ	
売(う)る		誉(ほ)める	
読(よ)む		呼(よ)ぶ	
降(ふ)る		引(ひ)く	
行(い)く		する	
来(く)る		寝(ね)る	
帰(かえ)る		起(お)きる	
死(し)ぬ		買(か)う	

◆ て形 (3)

원형	그룹	ます형	て형
歌(うた)う			
食(た)べる			
帰(かえ)る			
開(あ)ける			
持(も)つ			
教(おし)える			
休(やす)む			
知(し)る			
使(つか)う			
着(き)る			
作(つく)る			
遊(あそ)ぶ			
泣(な)く			
思(おも)う			
置(お)く			
降(お)りる			
笑(わら)う			
落(お)ちる			
閉(し)める			
呼(よ)ぶ			

◆ ます形문형연습

~ませんか。	~하지 않겠습니까?
~ましょう。	~합시다.
~ましょうか。	~할까요?
~たいです。	~하고 싶습니다.
~に	~하러(목적)
~ながら	~하면서(이중동작)
~かた	~하는 법(방법)
~すぎる	너무~하다
~やすい	~하기 쉽다
~にくい	~하기 어렵다.
~なさい	~하시오.
~つづける	계속~하다.
~はじめる	~하기 시작하다.
~だす	(갑자기)~하기 시작하다.
~おわる	~를 마치다(끝나다)

◆ て形 문형연습

~ています。	~하고 있습니다.
~てください。	~해 주세요.
~てから	~하고 나서
~てもいいです。 =~てもかまいません。	~해도 좋습니다. ~해도 상관없습니다.
~てはいけません。 = ~てはだめです。	~해서는 안 됩니다.

◆ て形 연습

山田(やまだ)　田中(たなか)　鈴木(すずき)　吉田(よしだ)

中村(なかむら)　中川(なかがわ)　中野(なかの)　佐藤(さとう)

小林(こばやし)　高橋(たかはし)

◆ 작문연습

이 레스토랑은 맛있고 쌉니다. （レストラン）

다나카씨는 예쁘고 머리가 좋습니다. （頭(あたま)がいい）

선생님은 무엇을 하고 있습니까?

일본어를 가르치고 있습니다.

김씨는 커피를 마시고 있습니다.

나는 책을 읽고 있습니다.

스즈키씨의 방은 깨끗하고 넓습니다.

잠시 기다려 주세요.

스즈키씨는 책을 사고 있습니다.

요시다씨는 담배를 피우고 있고, 스즈키씨는 책을 읽고 있고, 야마다씨는 음악을 듣고 있습니다.

엄마는 주스를 사고 있습니다. （ジュース）

여동생은 친구를 기다리고 있습니다.

새 휴대폰을 사 주세요.

이 가방은 싸고 가볍습니다.

이 구두는 편리하지만 비쌉니다.

이 공원은 조용하고 좋군요.

그 술은 맛있지만, 비쌉니다. 그 술은 맛있고 쌉니다.

이 빵은 싸고 맛있습니다.

■ 동사의 ます형／て형 연습

의미	원형	종류	ます형	て형
피우다	吸う			
가르치다	教える			
만나다	会う			
자다	寝る			
돌아가다	帰る			
타다	乗る			
읽다	読む			
먹다	食べる			
놀다	遊ぶ			
쓰다	書く			
서두르다	急ぐ			
이야기하다	話す			
오다	来る			
하다	する			
일어나다	起きる			
들어가다	入る			
가다	行く			
마시다	飲む			
노래하다	歌う			
듣다/묻다	聞く			

■ カタカナ練習1

<table>
<tr><td rowspan="2"></td><td>コーヒー</td></tr>
<tr><td></td></tr>
<tr><td rowspan="2"></td><td>ケータイ</td></tr>
<tr><td></td></tr>
<tr><td rowspan="2"></td><td>ジュース</td></tr>
<tr><td></td></tr>
<tr><td rowspan="2"></td><td>ラーメン</td></tr>
<tr><td></td></tr>
<tr><td rowspan="2"></td><td>トイレ</td></tr>
<tr><td></td></tr>
<tr><td rowspan="2">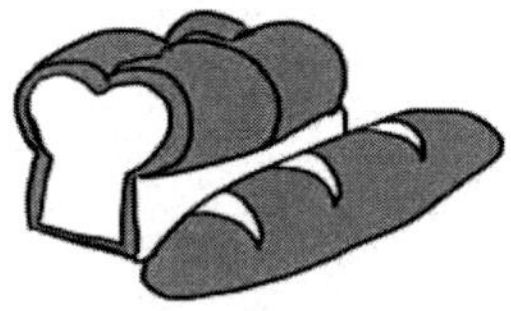</td><td>パン</td></tr>
<tr><td></td></tr>
<tr><td rowspan="2">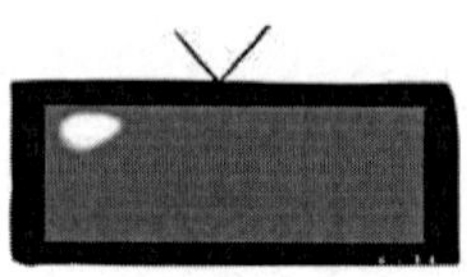</td><td>テレビ</td></tr>
<tr><td></td></tr>
</table>

■ カタカナ練習（れんしゅう） 2

	サンドイッチ
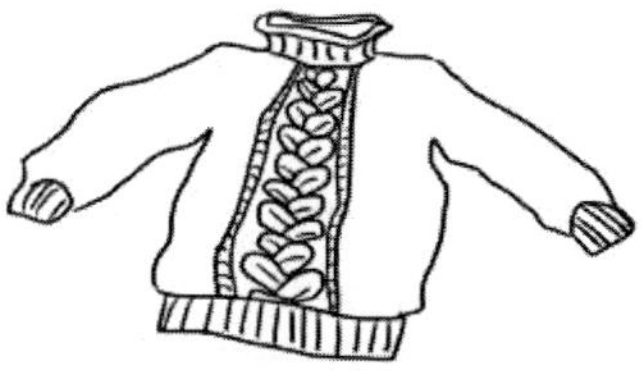	セーター
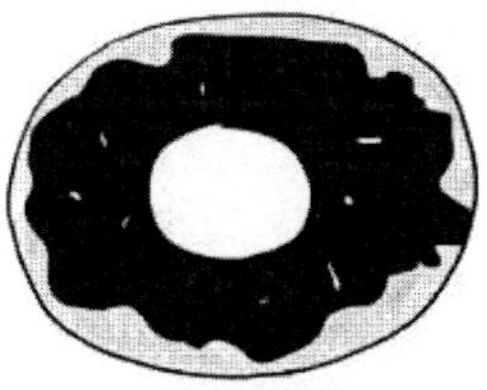	ドーナツ
	ハンバーガー
	ボールペン
	チョコレート
	ポテトフライ

◆ 조사 1

조사	의미	예
は	은, 는	これはあなたのですか。
が	이, 가 ~만	春が来る。山が高い。 これは白いですが、それは黒いです。
の	~의 ~의 것	誰のかばんですか。(~의) 私のです。(~의 것)
を	을, 를	新聞を読む。空を飛ぶ。
に	~에	どこに住んでいますか。(장소) 七時に起きます。(시간) 遊びに行きます。(~하러: 목적) バスに乗る。友達に会う。 (을, 를: 동작의 대상) 先生になる。(이, 가, 로:작용, 변화의 결과)
へ	~에 ~으로	家へ帰る。(~에: 귀착점) どちらへお出かけですか。(~로: 방향)
と	~와, 과 ~라고	友達と行く。 彼とデートする。 「では、またあした。」といいました。

◆ 조사 2

조사	의미	예
から	~부터	明日(あした)から日曜日(にちようび)までです。(시간의 기점) 学校(がっこう)から帰(かえ)ってくる。(장소의 기점) 母(はは)から聞(き)きました。(동작의 기점)
まで	~까지	7月(がつ)から9月(がつ)まで休(やす)みです。
より	~보다	今日(きょう)は昨日(きのう)より寒(さむ)いです。(비교)
で	~에서 ~로	スプンで食(た)べる。(수단) デパートで会(あ)う。(장소) 一人(ひとり)で行(い)きます。(혼자서: 사정,상태)
や	~랑	りんごやみかんを食(た)べる。
も	~도 ~씩이나	これもおいしいです。 アイスクリームを三(みっ)つも食(た)べました。
しか	~밖에	2時間(じかん)しか寝(ね)ていません。
か	~까	これは何(なん)ですか。(의문)
ずつ	~씩	一(ひと)つずつくばってください。 (配(くば)る: 나누어주다)
など	~등	雑誌(ざっし)などを読(よ)む。
だけ	~뿐, 만	これだけで十分(じゅうぶん)です。
でも	~라도	お茶(ちゃ)でもいかがですか。
のに	~ㄴ데	必(かなら)ず来(く)ると言(い)ったのに来(こ)ない。

◆ 명사 1

私(わたし)	나	あなた	당신	韓国人(かんこくじん)	한국인
日本人(にほんじん)	일본인	中国人(ちゅうごくじん)	중국인	学生(がくせい)	학생
会社員(かいしゃいん)	회사원	大学生(だいがくせい)	대학생	中学生(ちゅうがくせい)	중학생
高校生(こうこうせい)	고등학생	小学生(しょうがくせい)	초등학생	医者(いしゃ)	의사
彼氏(かれし)	그 (남자친구)	彼女(かのじょ)	그녀 (여자친구)	趣味(しゅみ)	취미
名前(なまえ)	이름	机(つくえ)	책상	椅子(いす)	의자
時計(とけい)	시계	本(ほん)	책	靴(くつ)	구두
新聞(しんぶん)	신문	辞書(じしょ)	사전	ケータイ	휴대폰
コーヒー	커피	たばこ	담배	何(なん)・何(なに)	무엇
誰(だれ)	누구	傘(かさ)	우산	車(くるま)	차
ノート	노트	駅(えき)	역	映画館(えいがかん)	영화관
学校(がっこう)	학교	公園(こうえん)	공원	コンビニ	편의점
お手洗(てあら)い	화장실	トイレ	화장실	郵便局(ゆうびんきょく)	우체국
病院(びょういん)	병원	図書館(としょかん)	도서관	デパート	백화점
パン屋(や)	빵집	ラーメン	라면	コーラ	콜라

◆ 명사 1 테스트

私			당신	韓国人	
日本人		中国人		学生	
会社員		大学生		中学生	
高校生		小学生		医者	
彼氏		彼女		趣味	
名前		机		椅子	
時計		本		靴	
新聞		辞書			휴대폰
	커피	たばこ		何	
誰		傘		車	
	노트	駅		映画館	
学校		公園			편의점
お手洗い			화장실	郵便局	
病院		図書館			백화점
パン屋			라면		콜라

◆ 명사 2

きょう 今日	오늘	ゆび 指	손가락	らいねん 来年	내년
きのう 昨日	어제	せなか 背中	등	あいだ 間	사이
あした 明日	내일	てんき 天気	날씨	こんど 今度	이번
こんしゅう 今週	이번주	たいふう 台風	태풍	さいきん 最近	최근 요즘
せんしゅう 先週	지난주	くも 雲	구름	さいご 最後	최후 마지막
らいしゅう 来週	다음주	ほし 星	별	さいしょ 最初	최초 맨처음
こんげつ 今月	이번달	ごぜん 午前	오전	とちゅう 途中	도중
せんげつ 先月	지난달	ごご 午後	오후	まいばん 毎晩	매일밤
らいげつ 来月	다음달	けさ 今朝	오늘아침	まいにち 毎日	매일
おっと 夫	남편	あさ 朝	아침	まいしゅう 毎週	매주
つま 妻	아내, 처	ひる 昼	점심	きせつ 季節	계절
うで 腕	팔, 솜씨	よる 夜	밤	はる なつ 春/夏	봄/여름
くび 首	목	こんや 今夜	오늘밤	あき ふゆ 秋/冬	가을/겨울
かみ 髪	머리카락	ことし 今年	올해	こうつう 交通	교통
のど 喉	목	きょねん 去年	작년	こうさてん 交差点	교차점 사거리

◆ 명사 2 테스트

今日		指		来年	
昨日		背中		間	
明日		天気		今度	
今週		台風		最近	
先週		雲		最後	
来週		星		最初	
今月		午前		途中	
先月		午後		毎晩	
来月		今朝		毎日	
夫		朝		毎週	
妻		昼		季節	
腕		夜		春・夏	
首		今夜		秋・冬	
髪		今年		交通	
喉		去年		交差点	

◆ 명사 3

食(た)べ物(もの)	음식	乗(の)り場(ば)	정류장	事務所(じむしょ)	사무소
飲(の)み物(もの)	음료	屋上(おくじょう)	옥상	食堂(しょくどう)	식당
買(か)い物(もの)	쇼핑	お宅(たく)	댁	神社(じんじゃ)	신사
乗(の)り物(もの)	탈것	海岸(かいがん)	해안	台所(だいどころ)	부엌
急行(きゅうこう)	급행	会場(かいじょう)	회장,식장, 공연장등	駐車場(ちゅうしゃじょう)	주차장
汽車(きしゃ)	기차	壁(かべ)	벽	お寺(てら)	절
特急(とっきゅう)	특급	喫茶店(きっさてん)	커피숍	出口(でぐち)	출구
船(ふね)	배	教会(きょうかい)	교회	入(い)り口(ぐち)	입구
電車(でんしゃ)	전철	近所(きんじょ)	근처,이웃	動物園(どうぶつえん)	동물원
飛行機(ひこうき)	비행기	研究室(けんきゅうしつ)	연구실	所(ところ)	곳, 장소
新幹線(しんかんせん)	신칸센	郊外(こうがい)	교외	床屋(とこや)	이발소
田舎(いなか)	시골	工場(こうじょう)	공장	図書館(としょかん)	도서관
池(いけ)	연못	坂(さか)	언덕	場所(ばしょ)	장소
受付(うけつけ)	접수처	島(しま)	섬	美術館(びじゅつかん)	미술관
売(う)り場(ば)	매장	海(うみ)	바다	病院(びょういん)	병원

◆ 명사 3 테스트

食べ物		乗り場		事務所	
飲み物		屋上		食堂	
買い物		お宅		神社	
乗り物		海岸		台所	
急行		会場		駐車場	
汽車		壁		お寺	
特急		喫茶店		出口	
船		教会		入り口	
電車		近所		動物園	
飛行機		研究室		所	
新幹線		郊外		床屋	
田舎		工場		図書館	
池		坂		場所	
受付		島		美術館	
売り場		海		病院	

◆ 명사 4

はやし もり 林・森	숲,수풀	にく 肉	고기	りよう 利用	이용
へ や 部屋	방	ぎゅうにく 牛肉	소고기	よやく 予約	예약
まち まち 町・街	마을,거리	やさい 野菜	야채	よてい 予定	예정
まわ 周り	주변	ゆめ 夢	꿈	ゆにゅう 輸入	수입
や お や 八百屋	야채가게	ばんぐみ 番組	프로그램	ゆしゅつ 輸出	수출
みせ 店	가게	ちから 力	힘	やくそく 約束	약속
りょかん 旅館	여관	こころ 心	마음	もんだい 問題	문제
みずうみ 湖	호수	うそ 嘘	거짓말	はんたい 反対	반대
しょくじ 食事	식사	あいさつ 挨拶	인사	ふつう 普通	보통
あじ 味	맛	き も 気持ち	기분,마음	ぶん か 文化	문화
さけ お酒	술	れんらく 連絡	연락	ほうそう 放送	방송
ちゃ お茶	차	れんしゅう 練習	연습	む り 無理	무리
くすり 薬	약	れいぼう 冷房	냉방	ちゅうい 注意	주의
くだもの 果物	과일	だんぼう 暖房	난방	にっ き 日記	일기
こめ 米	쌀	りょうり 料理	요리	そうだん 相談	상담

◆ 명사 4 테스트

林・森		肉		利用	
部屋		牛肉		予約	
街・町		野菜		予定	
周り		夢		輸入	
八百屋		番組		輸出	
お店		力		約束	
旅館		心		問題	
湖		嘘		反対	
食事		挨拶		普通	
味		気持ち		文化	
お酒		連絡		放送	
お茶		練習		無理	
薬		冷房		注意	
果物		暖房		日記	
米		料理		相談	

◆ い형용사 1

형용사	의미	형용사	의미
暑(あつ)い	덥다	寒(さむ)い	춥다
熱(あつ)い	뜨겁다	冷(つめ)たい	차갑다
厚(あつ)い	두텁다	薄(うす)い	얇다
おいしい	맛있다	まずい	맛없다
新(あたら)しい	새롭다	古(ふる)い	오래되다
大(おお)きい	크다	小(ちい)さい	작다
多(おお)い	많다	少(すく)ない	적다
難(むずか)しい	어렵다	易(やさ)しい	쉽다
良(い)い	좋다	悪(わる)い	나쁘다
高(たか)い	높다	低(ひく)い	낮다
高(たか)い	비싸다	安(やす)い	싸다
長(なが)い	길다	短(みじか)い	짧다
早(はや)い	이르다	遅(おそ)い	늦다
速(はや)い	빠르다	遅(おそ)い	느리다
明(あか)るい	밝다	暗(くら)い	어둡다
広(ひろ)い	넓다	狭(せま)い	좁다
近(ちか)い	가깝다	遠(とお)い	멀다
面白(おもしろ)い	재미있다	つまらない	재미없다

◆ い형용사 2

형용사	의미	형용사	의미
忙(いそが)しい	바쁘다	うらやましい	부럽다
強(つよ)い	강하다	弱(よわ)い	약하다
深(ふか)い	깊다	浅(あさ)い	얕다
柔(やわ)らかい	부드럽다	固(かた)い	딱딱하다
赤(あか)い	빨갛다	青(あお)い	파랗다
白(しろ)い	하얗다	黒(くろ)い	검다
重(おも)い	무겁다	軽(かる)い	가볍다
嬉(うれ)しい	기쁘다	悲(かな)しい	슬프다
太(ふと)い	굵다	細(ほそ)い	가늘다
素晴(すば)らしい	근사하다	危(あぶ)ない	위험하다
楽(たの)しい	즐겁다	痛(いた)い	아프다
珍(めずら)しい	진귀하다	ない	없다
うるさい	시끄럽다	美(うつく)しい	아름답다
かわいい	귀엽다	しょっぱい	짜다
きたない	더럽다	すっぱい	시다
おかしい	이상하다	こうばしい	고소하다
優(やさ)しい	자상하다	しぶい	떫다
怖(こわ)い	무섭다	にがい	쓰다
偉(えら)い	훌륭하다	甘(あま)い	달다
もったいない	아깝다	辛(から)い	맵다

◆ な형용사

단어	의미	단어	의미
す 好きだ	좋아하다	めいわく 迷惑だ	폐를 끼치다
きら 嫌いだ	싫어하다	らく 楽だ	편안하다
じょうず 上手だ	능숙하다	しんせん 新鮮だ	신선하다
へた 下手だ	서투르다	しんせつ 親切だ	친절하다
べんり 便利だ	편리하다	ふしんせつ 不親切だ	불친절하다
ふべん 不便だ	불편하다	むだ 無駄だ	쓸데없다
はで 派手だ	화려하다	まじめ 真面目だ	성실하다
じみ 地味だ	수수하다	ほんき 本気だ	진심이다
げんき 元気だ	건강하다	じょうぶ 丈夫だ	튼튼하다
だいじょうぶ 大丈夫だ	괜찮다	めんどう 面倒だ	귀찮다
きれいだ	예쁘다	かわいそうだ	불쌍하다
しず 静かだ	조용하다	ひま 暇だ	한가하다
にぎ 賑やかだ	시끌벅적하다	りっぱ 立派だ	훌륭하다
とくい 得意だ	잘하다	ゆうめい 有名だ	유명하다
にがて 苦手だ	못하다	とうぜん 当然だ	당연하다
かんたん 簡単だ	간단하다	すてきだ	멋지다
ふくざつ 複雑だ	복잡하다	こんなん 困難だ	곤란하다

◆ 동사

동사	의미	동사	의미
行(い)く	가다	撮(と)る	찍다
買(か)う	사다	焼(や)く	굽다
書(か)く	쓰다	着(き)る	입다
に会(あ)う	~를 만나다	話(はな)す	이야기하다
見(み)る	보다	消(け)す	끄다
降(ふ)る	내리다	帰(かえ)る	돌아가다
泳(およ)ぐ	수영하다	切(き)る	자르다
歌(うた)う	노래부르다	握(にぎ)る	쥐다,잡다
読(よ)む	읽다	捨(す)てる	버리다
笑(わら)う	웃다	並(なら)ぶ	늘어서다
起(お)きる	일어나다	泣(な)く	울다
聞(き)く	듣다	痩(や)せる	살이빠지다
寝(ね)る	자다	太(ふと)る	뚱뚱하다
に乗(の)る	~를 타다	怒(おこ)る	화내다.성내다
開(あ)ける	열다	叱(しか)る	꾸짖다.야단치다
食(た)べる	먹다	吹(ふ)く	불다
吸(す)う	피우다	拭(ふ)く	닦다
飲(の)む	마시다	歩(ある)く	걷다
教(おし)える	가르치다	逃(に)げる	도망치다
洗(あら)う	씻다	履(は)く	신다

KFLP2

◆ 품사별 활용방법

(1) 명사, な형용사의 정중체와 보통체

정중체	보통체
です。	だ。
ではありません。 (じゃありません。)	じゃない。
でした。	だった。
ではありませんでした。 (じゃありませんでした。)	じゃなかった。

(2) 형용사의 정중체와 보통체

정중체	보통체
です。	원형
~~い~~ くありません。 ~~い~~ くない(です)。	~~い~~ くない。
~~い~~ かったです。	~~い~~ かった。
~~い~~ くありませんでした。 ~~い~~ くなかった(です)。	~~い~~ くなかった。

(3) 동사의 정중체와 보통체

정중체	보통체
ます。	원형
ません。	ない형
ました。	た형
ませんでした。	なかった형

◆ 품사별 활용연습

원형	긍정	부정	과거	과거부정
地下鉄(ちかてつ)				
新(あたら)しい				
きらいだ				
料理(りょうり)				
入(はい)る				
試験(しけん)				
明(あか)るい				
親切(しんせつ)だ				
働(はたら)く				
家族(かぞく)				
うらやましい				
決(き)める				
きれいだ				
休(やす)む				
ほしい				
作(つく)る				
たい				
寒(さむ)い				
できる				

形容詞(けいようし)1

おいしい	まずい	新(あたら)しい	古(ふる)い

高(たか)い	安(やす)い	高(たか)い	低(ひく)い

暑(あつ)い	寒(さむ)い	熱(あつ)い	冷(つめ)たい

大(おお)きい	小(ちい)さい	つまらない	面白(おもしろ)い

形容詞(けいようし)２

明(あか)るい	暗(くら)い	広(ひろ)い	狭(せま)い

遠(とお)い	近(ちか)い	難(むずか)しい	易(やさ)しい
		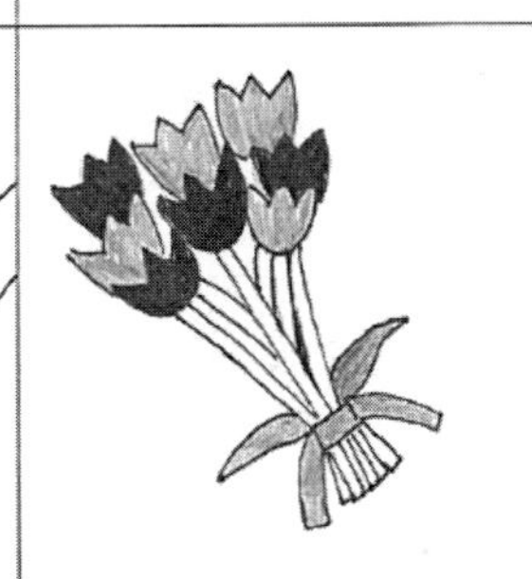	
長(なが)い	短(みじか)い	多(おお)い	少(すく)ない

おかしい	速(はや)い	遅(おそ)い	早(はや)い

な形容詞(けいようし) 1			

好(す)きだ	嫌(きら)いだ	上手(じょうず)だ	下手(へた)だ
	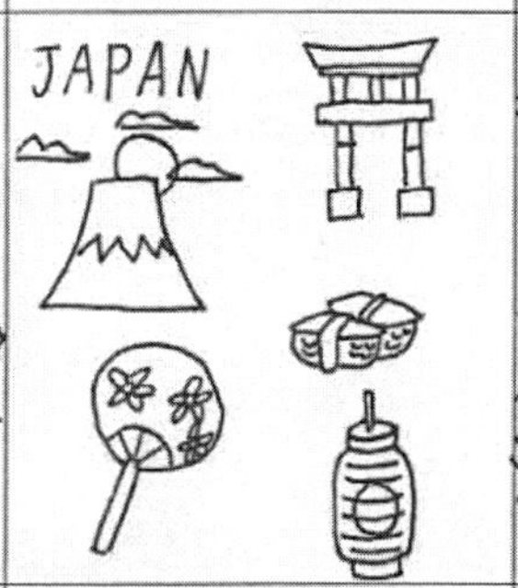		
きれいだ	有名(ゆうめい)だ	静(しず)かだ	賑(にぎ)やかだ

便利(べんり)だ	不便(ふべん)だ	丈夫(じょうぶ)だ	大事(だいじ)だ

得意(とくい)だ	苦手(にがて)だ	暇(ひま)だ	盛(さか)んだ

動詞(どうし)1

行く	買う	書く	~に会う

見る	降る	泳ぐ	歌う

読む	笑う	起きる	聞く

寝る	~に乗る	開ける	食べる

動詞(どうし)2

吸う	飲む	教える	洗う
	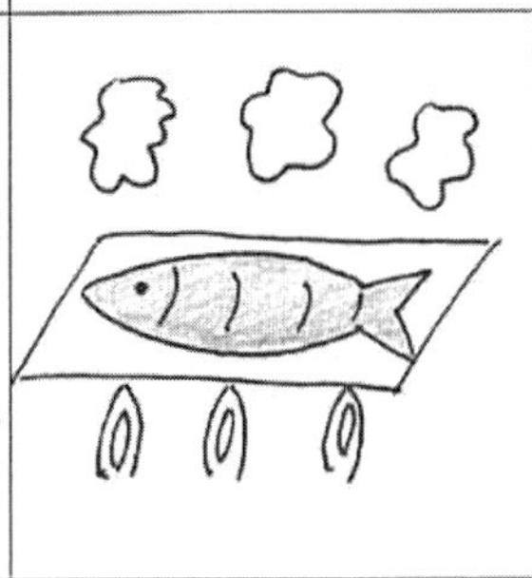		
撮る	焼く	着る	話す

消す	帰る	切る	握る
	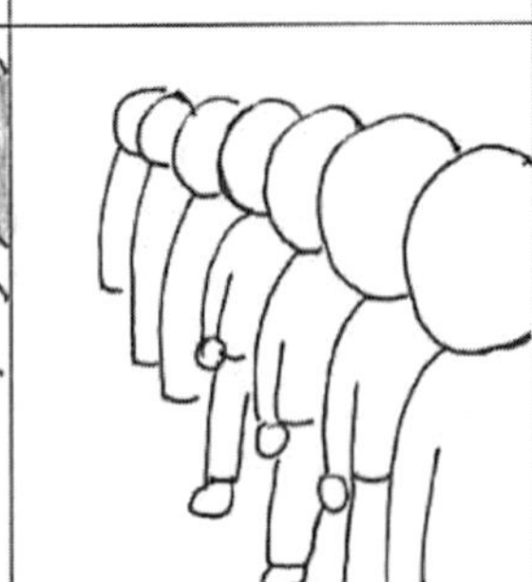		
捨てる	並ぶ	泣く	痩せる

動詞(どうし)3

太る	怒る	叱る	吹く

拭く	歩く	逃げる	履く

脱ぐ	渡る	壊す	飛ぶ

倒れる	並べる	祈る	勝つ

動詞(どうし)4

踊る	運ぶ	止める	晴れる

酔う	回す	打つ	投げる

滑る	磨く	落ちる	拾う
			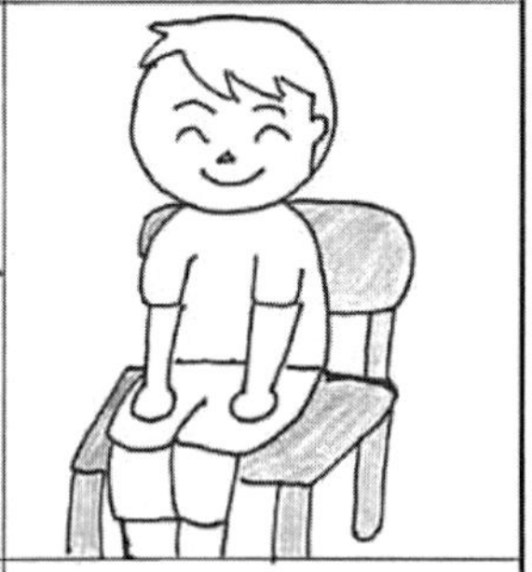
踏む	噛む	お風呂に入る	座る

動詞(どうし)5

	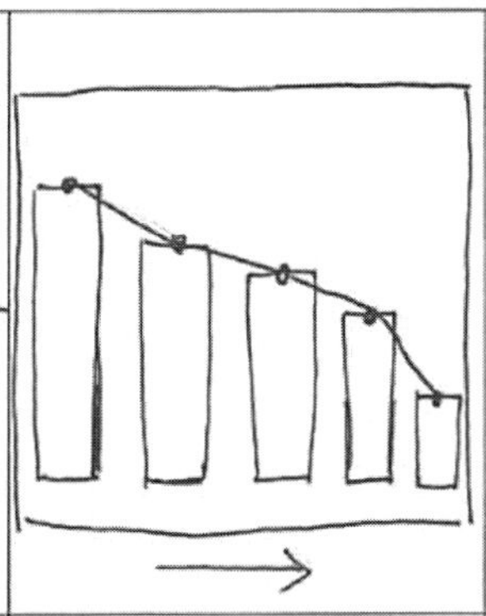	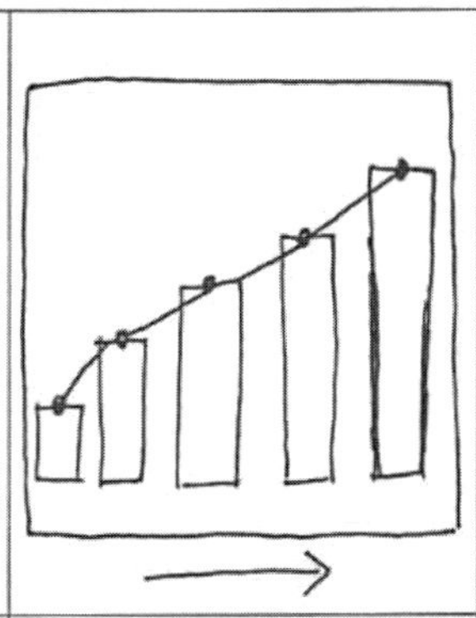	
走る	減る	増える	死ぬ

待つ	売る	遅れる	取る

立つ	休む	降りる	思う

作る	呼ぶ	置く	覚える

◆ て形(けい)

例(れい))＞起(お)きる	起(お)きます	起(お)きてください。起(お)きています。
食(た)べる		
飲(の)む		
歌(うた)う		
聞(き)く		
話(はな)す		
運動(うんどう)する		
歩(ある)く		
見(み)る		
乗(の)る		
降(ふ)る		
降(お)りる		
来(く)る		
会(あ)う		
走(はし)る		
入(はい)る		
行(い)く		
急(いそ)ぐ		
待(ま)つ		
使(つか)う		
着(き)る		
かける		
持(も)つ		
帰(かえ)る		
呼(よ)ぶ		

◆ ～ています。～てください。연습 1

山田さんは何をしていますか。
山田さんは＿＿＿＿＿＿＿＿＿＿。

- コーヒーを飲む
- 話をする
- パソコンをする
- メモをとる
- 本を読む
- 手紙を書く
- 音楽を聞く
- タバコを吸う
- 携帯電話をする
- ケーキを食べる

山田　鈴木　吉田　中野

佐藤さんは何をしていますか。
佐藤さんは＿＿＿＿＿＿＿＿＿＿。

佐藤　高橋　田中　伊藤

◆ ～ています。 ～てください。연습 2

ここは電車の中です。それぞれ何をしているか「～ています」に変えて、
左から順番に言ってみましょう。

例ア)男(おとこ)の人(ひと)は、手(て)すりをつかんで、立(た)つ。

→男(おとこ)の人(ひと)は、手(て)すりをつかんで、立(た)っています。

イ) 女(おんな)の人(ひと)は、座席(ざせき)に座(すわ)る。

→

ウ) 男(おとこ)の人(ひと)は、ヘッドフォンをつけて、音楽(おんがく)を聞(き)く。

→

エ) 女(おんな)の人(ひと)は、隣(となり)の人(ひと)と話(はな)す。

→

オ) かみの長(なが)い女(おんな)の人(ひと)は、隣(となり)の人(ひと)と話(はな)す。

→

カ) ひげの男(おとこ)の人(ひと)は、雑誌(ざっし)を読(よ)む。

→

キ) 男(おとこ)の人(ひと)は、携帯電話(けいたいでんわ)をする。

→

ク) 男(おとこ)の人(ひと)は、よだれをたらして寝(ね)る。

→

■ カレンダー練習(れんしゅう)

今日(きょう)は何月何日(なんがつなんにち)ですか。
昨日(きのう)は何月何日(なんがつなんにち)でしたか。
明日(あした)は何月何日(なんがつなんにち)ですか。
お誕生日(たんじょうび)は何月何日(なんがつなんにち)ですか。
クリスマスは何月何日(なんがつなんにち)ですか。
秋夕(チュソク)は何月何日(なんがつなんにち)ですか。

1月(いちがつ)	**2月(にがつ)**	**3月(さんがつ)**	**4月(しがつ)**
5月(ごがつ)	**6月(ろくがつ)**	**7月(しちがつ)**	**8月(はちがつ)**
9月(くがつ)	**10月(じゅうがつ)**	**11月(じゅういちがつ)**	**12月(じゅうにがつ)**

CALENDAR

1月(いちがつ)

にちようび	げつようび	かようび	すいようび	もくようび	きんようび	どようび
	1 ついたち	2 ふつか	3 みっか	4 よっか	5 いつか	6 むいか
7 なのか	8 ようか	9 ここのか	10 とおか	11 じゅういちにち	12 じゅうににち	13 じゅうさんにち
14 じゅうよっか	15 じゅうごにち	16 じゅうろくにち	17 じゅうしちにち	18 じゅうはちにち	19 じゅうくにち	20 はつか
21 にじゅういちにち	22 にじゅうににち	23 にじゅうさんにち	24 にじゅうよっか	25 にじゅうごにち	26 にじゅうろくにち	27 にじゅうしちにち
28 にじゅうはちにち	29 にじゅうくにち	30 さんじゅうにち	31 さんじゅういちにち			

■ 助数詞（じょすうし） 1

	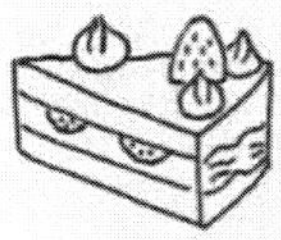	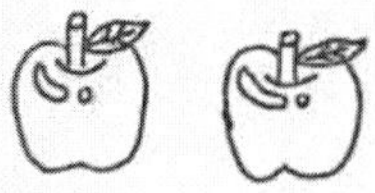		
	いっこ　一個	ひとつ　一つ	ひとり　１人 ～にん	いっさい　一歳
1	いっ－こ	ひと－つ	ひと－り	いっ－さい
2	に－こ	ふた－つ	ふた－り	に－さい
3	さん－こ	みっ－つ	さん－にん	さん－さい
4	よん－こ	よっ－つ	よ－にん	よん－さい
5	ご－こ	いつ－つ	ご－にん	ご－さい
6	ろっ－こ	むっ－つ	ろく－にん	ろく－さい
7	なな－こ	なな－つ	しち－にん なな－にん	なな－さい
8	はっ－こ	やっ－つ	はち－にん	はっ－さい
9	きゅう－こ	ここの－つ	きゅう－にん	きゅう－さい
10	じゅっ－こ	とお	じゅう－にん	じゅっ－さい
?	なんこ	いくつ	なんにん	なんさい

	いっかい　一階 かい,がい	いっかい　一回	いちばん　一番	いちだい　一台
1	いっ－かい	いっ－かい	いち－ばん	いち－だい
2	に－かい	に－かい	に－ばん	に－だい
3	さん－がい	さん－かい	さん－ばん	さん－だい
4	よん－かい	よん－かい	よん－ばん	よん－だい
5	ご－かい	ご－かい	ご－ばん	ご－だい
6	ろっ－かい	ろっ－かい	ろく－ばん	ろく－だい
7	なな－かい	なな－かい	なな－ばん しち－ばん	なな－だい しち－だい
8	はっ－かい	はっ－かい	はち－ばん	はち－だい
9	きゅう－かい	きゅう－かい	きゅう－ばん	きゅう－だい
10	じゅっ－かい	じゅっ－かい	じゅう－ばん	じゅう－だい
?	なんかい なんがい	なんかい	なんばん	なんだい

■ 場所と営業時間の練習

◈ 그림을 보고 집 근처에 있는 시설들의 영업시간, 휴일 등에 대해 친구들과 얘기해 보세요.			
郵便局(ゆうびんきょく)	スーパー	ジム	居酒屋(いざかや)

本屋(ほんや)	パンや	コンビニ	銭湯(せんとう)

◈ 何時(なんじ)から何時(なんじ)までですか。休(やす)みはいつですか。
お昼(ひる)休(やす)みは何時(なんじ)から何時(なんじ)までですか。

	何時(なんじ)から	何時(なんじ)まで	休(やす)み	昼食時間(ちゅうしょくじかん)
デパート				
病院(びょういん)				
銀行(ぎんこう)				
図書館(としょかん)				

◆ たい

私(わたし)はピザが食(た)べたいです。

私(わたし)はピザが食(た)べたくありません。

私(わたし)はピザが食(た)べたかったです。

私(わたし)はピザが食(た)べたくありませんでした。

무엇을 마시고 싶습니까? 주스를 마시고 싶습니다.
어디에 가고 싶었습니까? 미국에 가고 싶었습니다.
무엇을 사고 싶었습니까? 새 휴대폰을 사고 싶었습니다.
누구를 만나고 싶습니까? 선생님을 만나고 싶습니다.
어떤 영화를 보고 싶습니까? 슬픈 영화를 보고 싶습니다.
책을 읽고 싶었습니까? 아니오, 책을 읽고 싶지 않았습니다.
술을 마시고 싶었습니까? 예, 술을 마시고 싶었습니다.
사진을 찍고 싶었습니까? 아니오, 사진을 찍고 싶지 않았습니다.
무엇을 사고 싶습니까? 새 텔레비전을 사고 싶습니다.
무엇을 하고 싶었습니까? 집에서 푹 쉬고 싶었습니다.
친구를 만나고 싶었습니까? 아니오, 집에서 쉬고 싶었습니다.

◆ ほしい

あなたは新(あたら)しいケータイがほしいですか。

私(わたし)は新(あたら)しいケータイがほしくありません。

私(わたし)は新(あたら)しいケータイがほしかったです。

私(わたし)は新(あたら)しいケータイがほしくありませんでした。

당신은 차를 갖고 싶었습니까? 아니오, 갖고 싶지 않았습니다.

당신은 무엇을 갖고 싶습니까? 새 집을 갖고 싶습니다.

당신은 무엇을 갖고 싶었습니까? 아무것도 갖고 싶지 않았습니다.

나는 카메라를 갖고 싶었습니다.

당신도 지갑을 갖고 싶습니까? 예, 저도 지갑을 갖고 싶습니다.

당신은 저 티셔츠를 갖고 싶었습니까?
아니오, 저는 갖고 싶지 않았습니다.

저 가방을 갖고 싶습니까? 예, 갖고 싶습니다.

이 시계를 갖고 싶었습니까? 예, 너무 갖고 싶었습니다.

저 구두를 갖고 싶습니까? 아니오. 그다지 갖고 싶지 않습니다.

나는 헌 피아노를 갖고 싶습니다.

당신은 무엇을 갖고 싶었습니까? 저 책을 갖고 싶었습니다.

◆ 私(わたし)の一日(いちにち)

何時(なんじ)に＿＿＿＿＿＿＿＿＿＿＿＿＿。

何時(なんじ)から何時(なんじ)まで＿＿＿＿＿＿＿＿。

誰(だれ)と＿＿＿＿＿＿＿＿＿＿＿＿＿＿。

どこへ＿＿＿＿＿＿＿＿＿＿＿＿＿。

何(なに)を＿＿＿＿＿＿＿＿＿＿＿＿＿＿。

起(お)きる	顔(かお)を洗(あら)う	朝御飯(あさごはん)	学校(がっこう)へ行(い)く

勉強(べんきょう)する	アルバイト	家(いえ)に帰(かえ)る	掃除(そうじ)をする
		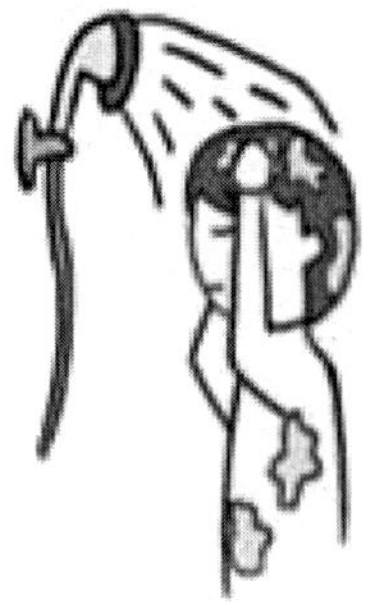	
洗濯(せんたく)をする	テレビを見(み)る	シャワーを浴(あ)びる	寝(ね)る

◆ 助数詞(じょすうし) 2

			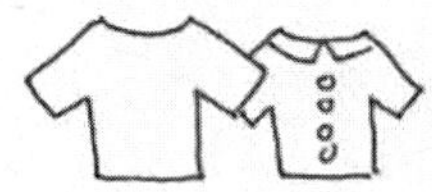	
	いちまい　一枚	いっさつ　一冊	いっちゃく　一着	いっそく　一足 そく,ぞく
1	いち-まい	いっ-さつ	いっ-ちゃく	いっ-そく
2	に-まい	に-さつ	に-ちゃく	に-そく
3	さん-まい	さん-さつ	さん-ちゃく	さん-ぞく
4	よん-まい	よん-さつ	よん-ちゃく	よん-そく
5	ご-まい	ご-さつ	ご-ちゃく	ご-そく
6	ろく-まい	ろく-さつ	ろく-ちゃく	ろく-ろく
7	なな-まい しち-まい	なな-さつ	なな-ちゃく	なな-そく
8	はち-まい	はっ-さつ	はっ-ちゃく	はっ-そく
9	きゅう-まい	きゅう-さつ	きゅう-ちゃく	きゅう-そく
10	じゅう-まい	じゅっ-さつ	じゅっ-ちゃく	じゅっ-そく
?	なんまい	なんさつ	なんちゃく	なんぞく

	いっぽん　一本 ぽん,ほん,ぼん	いっぱい　一杯 ぱい,はい,ばい	いっぴき　一匹 ぴき,ひき,びき	いっけん　一軒 けん,げん
1	いっ-ぽん	いっ-ぱい	いっ-ぴき	いっ-けん
2	に-ほん	に-はい	に-ひき	に-けん
3	さん-ぼん	さん-ばい	さん-びき	さん-げん
4	よん-ほん	よん-はい	よん-ひき	よん-けん
5	ご-ほん	ご-はい	ご-ひき	ご-けん
6	ろっ-ぽん	ろっ-ぱい	ろっ-ぴき	ろっ-けん
7	なな-ほん	なな-はい	なな-ひき	なな-けん
8	はっ-ぽん	はっ-ぱい	はっ-ぴき	はっ-けん
9	きゅう-ほん	きゅう-はい	きゅう-ひき	きゅう-けん
10	じゅっ-ぽん	じゅっ-ぱい	じゅっ-ぴき	じゅっ-けん
?	なんぼん	なんばい	なんびき	なんけん なんげん

形容詞(けいようし)3

			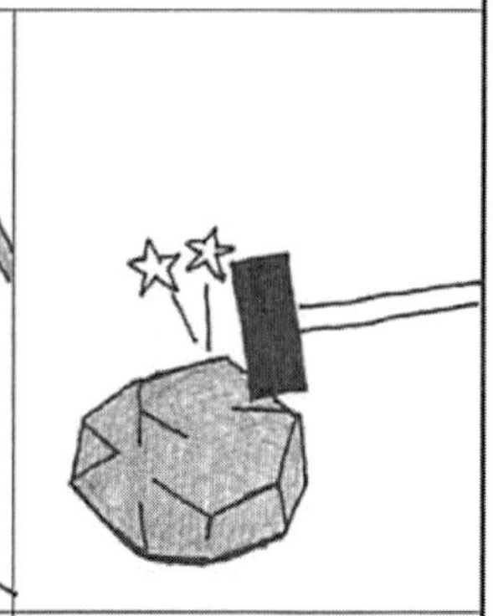
遅(おそ)い	重(おも)い	軽(かる)い	硬(かた)い

軟(やわら)かい	細(こま)かい	怖(こわ)い	楽(たの)しい

強(つよ)い	弱(よわ)い	温(ぬる)い	眠(ねむ)い

ひどい	太(ふと)い	細(ほそ)い	ほしい

形容詞(けいようし)4

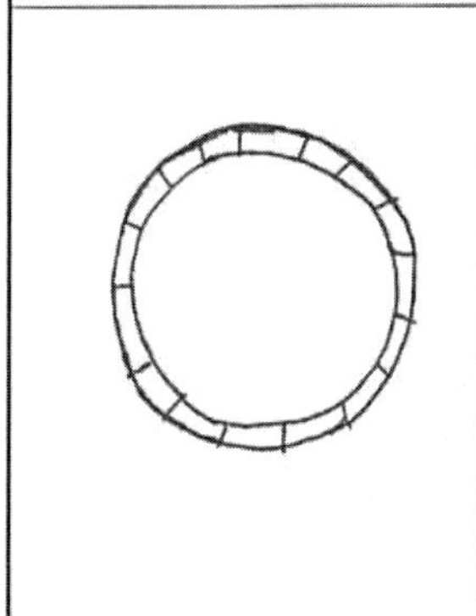	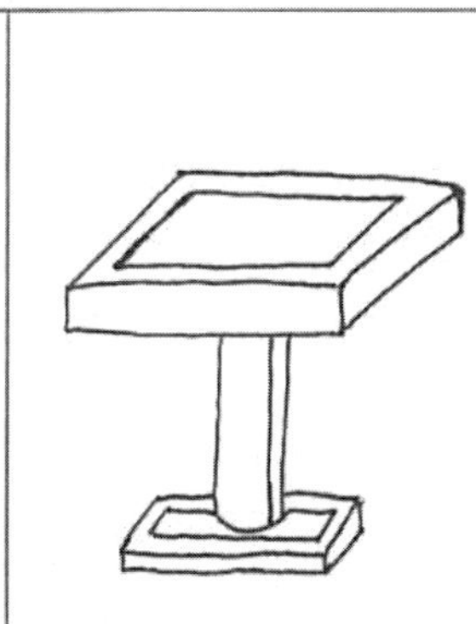		
丸(まる)い	四角(しかく)い	珍(めずら)しい	優(やさ)しい

若(わか)い	いい	悪(わる)い	浅(あさ)い

深(ふか)い	厚(あつ)い	薄(うす)い	危(あぶ)ない

痛(いた)い	美(うつく)しい	うるさい	赤(あか)い

な形容詞(けいようし)2

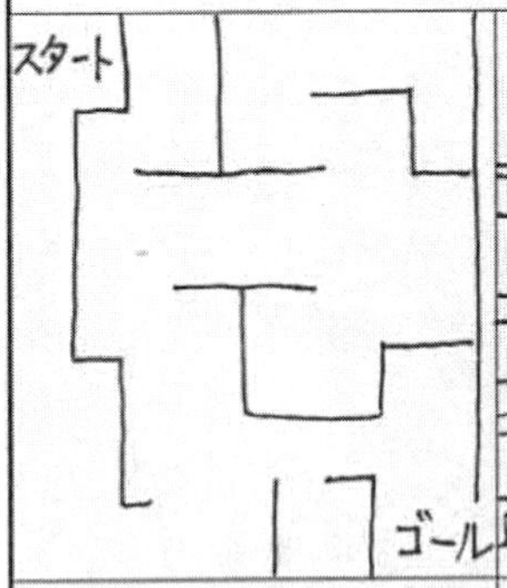

簡単(かんたん)だ

複雑(ふくざつ)だ

真面目(まじめ)だ

病気(びょうき)だ

特別(とくべつ)だ

適当(てきとう)だ

変(へん)だ

立派(りっぱ)だ

親切(しんせつ)だ

元気(げんき)だ

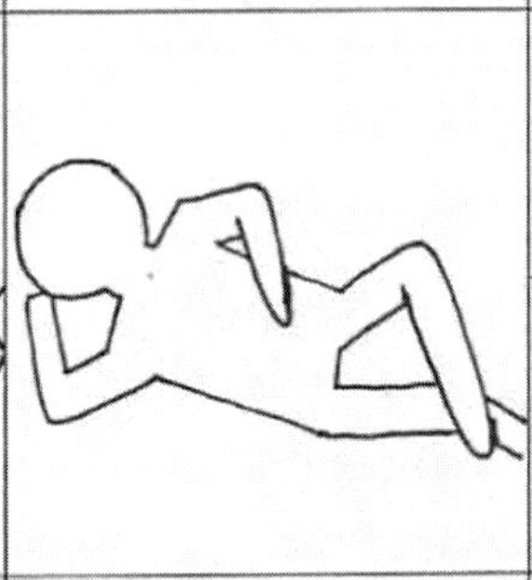
楽(らく)だ

安全(あんぜん)だ

面倒(めんどう)だ

幸(しあわ)せだ

残念(ざんねん)だ

素敵(すてき)だ

動詞(どうし)6

			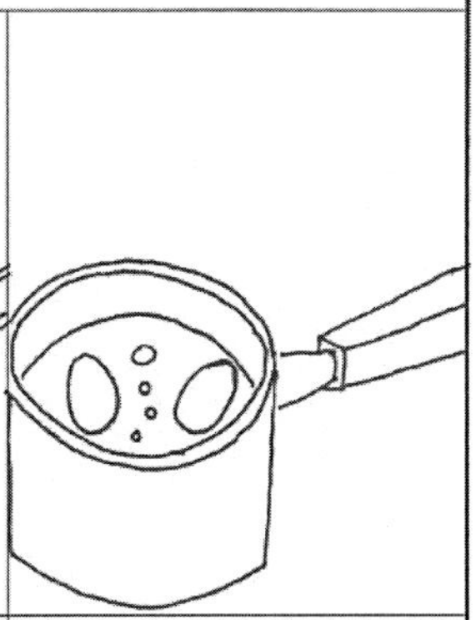
選ぶ	測る	煮る	茹でる

炒める	震える	止む	登る

送る	描く	やる	あげる

働く	助ける	守る	奢る

動詞(どうし)7

喋る	コーヒーを入れる	電話にでる	部屋を出る

レポートを出す	ゴミを出す	手紙を出す	用を出す

曇る	終わる	もらう	押す

押す	手を伸ばす	治る	ガムを噛む

動詞(どうし) 8

鼻をかむ	叩く	誉める	犬にかまれる

車に引かれる	ギターを弾く	ピアノを弾く	トランクを引く
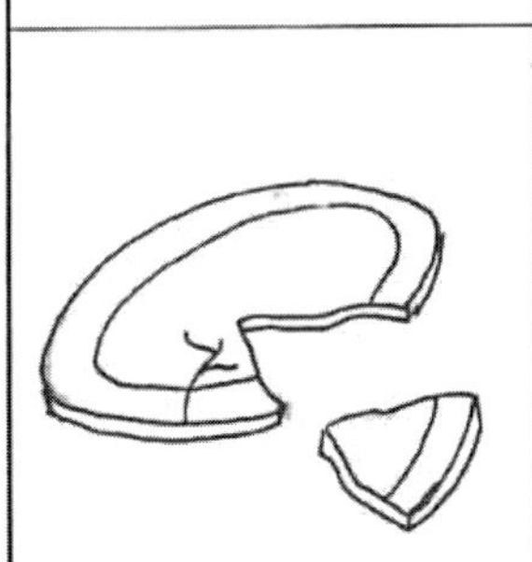		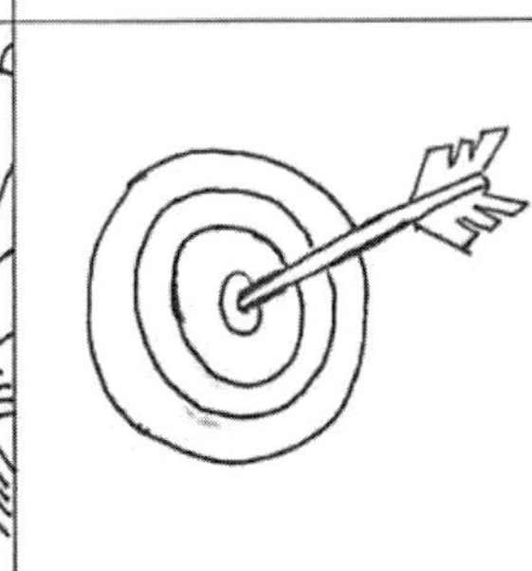	
皿が割れる	急ぐ	当たる	払う

しゃがむ	～に似る	外す	聳える

動詞(どうし) 9

	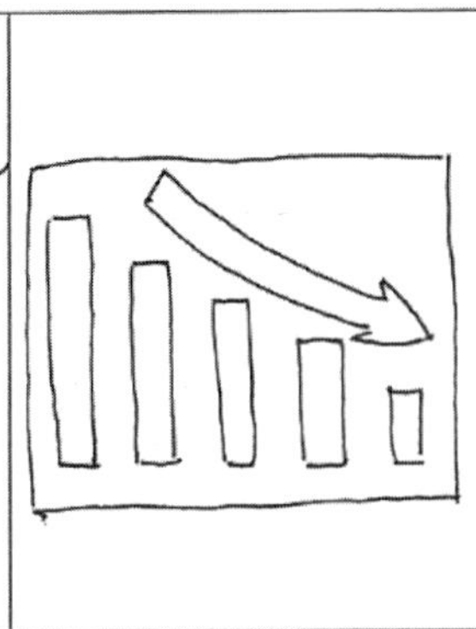		
触る	下がる	上がる	困る

乾く	時間がかかる	行う	苛める

お湯を沸かす	揺れる	会社を辞める	たばこをやめる
		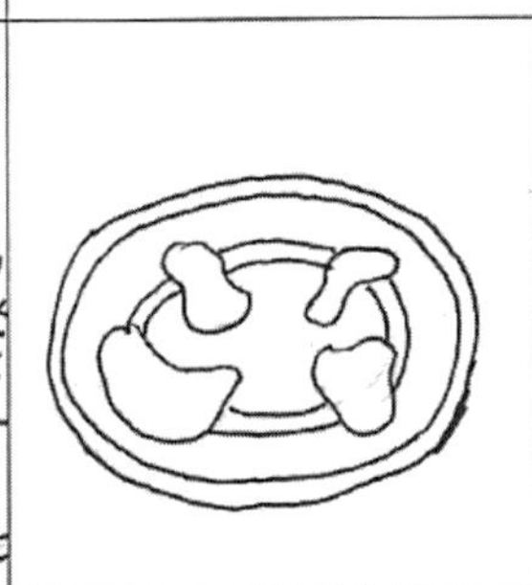	
召し上がる	引っ越す	残す	直す

動詞(どうし)10

伝える	混む・込む	変わる	アイロンをかける
	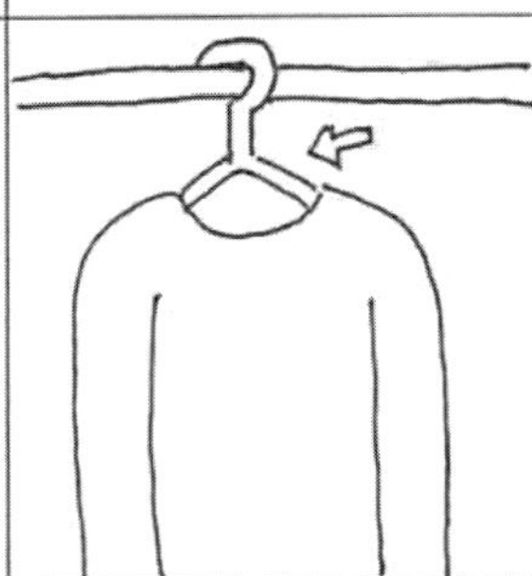		
めがねをかける	ハンガーをかける	電話をかける	起こす

シャワーを浴びる	戻る	お酒を飲み続ける	歌を歌う
	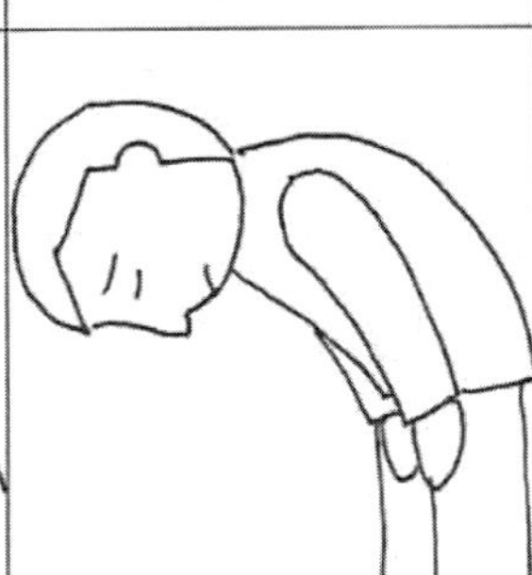		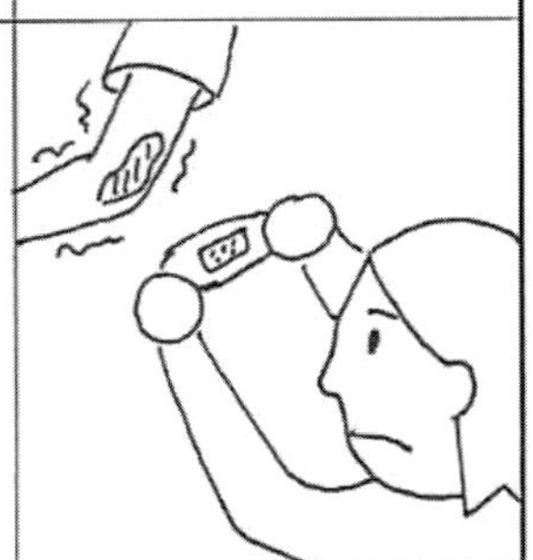
試験を受ける	謝る	間に合う	絆創膏を貼る

◆ ～てもいいですか。

例(れい)＞　明日(あした)休(やす)んでもいいですか。(허가)

→　はい、どうぞ。・ええ、どうぞ。(승낙)

→　はい、いいですよ。・ええ、いいですよ。(승낙)

→　すみません、ちょっと・・・。(거절)

집에 가도 됩니까? 아니오, 좀...
이 약 먹어도 됩니까? 예, 드세요.
여기 앉아도 됩니까? 예, 그럼요.
여기서 자도 됩니까? 미안합니다만 좀...
여기서 술을 마셔도 됩니까? 아니오. 여기서는 좀...
내일 10시까지 와도 됩니까? 예, 그러세요.
공원에서 친구와 놀아도 됩니까? 예. 그럼요.
일하는 중에 술 마셔도 됩니까? 그건 좀...
여기에서 축구를 해도 됩니까? 미안합니다만 여기서는 좀...
도서관에서 친구와 얘기해도 됩니까? 아니오. 그건 좀....
일요일에 늦게 일어나도 됩니까? 예, 그러세요.

◆ 반대말 익히기

午前(ごぜん)	午後(ごご)	立(た)つ	座(すわ)る
大人(おとな)	子供(こども)	起(お)きる	寝(ね)る
上(うえ)	下(した)	履(は)く	脱(ぬ)ぐ
前(まえ)	後(うし)ろ	開(あ)ける	閉(し)める
縦(たて)	横(よこ)	入(はい)る	出(で)る
右(みぎ)	左(ひだり)	行(い)く	帰(かえ)る
熱(あつ)い	冷(つめ)たい	曲(ま)げる	伸(の)ばす
暑(あつ)い	寒(さむ)い	動(うご)く	止(と)まる
厚(あつ)い	薄(うす)い	上(あ)がる	下(さ)がる
大(おお)きい	小(ちい)さい	乗(の)る	降(お)りる
多(おお)い	少(すく)ない	女(おんな)の子(こ)	男(おとこ)の子(こ)
長(なが)い	短(みじか)い	面白(おもしろ)い	つまらない
太(ふと)い	細(ほそ)い	白(しろ)い	黒(くろ)い
重(おも)い	軽(かる)い	嬉(うれ)しい	悲(かな)しい
新(あたら)しい	古(ふる)い	近(ちか)い	遠(とお)い
硬(かた)い	軟(やわ)らかい	いい	悪(わる)い
強(つよ)い	弱(よわ)い	難(むずか)しい	易(やさ)しい
早(はや)い	遅(おそ)い	上手(じょうず)だ	下手(へた)だ
速(はや)い	遅(おそ)い	得意(とくい)だ	苦手(にがて)だ
高(たか)い	安(やす)い	静(しず)かだ	賑(にぎ)やかだ
高(たか)い	低(ひく)い	好(す)きだ	嫌(きら)いだ
広(ひろ)い	狭(せま)い	便利(べんり)だ	不便(ふべん)だ
遠(とお)い	近(ちか)い	押(お)す	引(ひ)く
深(ふか)い	浅(あさ)い	笑(わら)う	泣(な)く
明(あか)るい	暗(くら)い	買(か)う	売(う)る

◆ ～てはいけません。

例(れい)＞　お酒(さけ)を飲(の)んで運転(うんてん)してはいけません。

병원에서 휴대전화를 사용해서는 안 됩니다.

이 방에서 담배를 피워서는 안 됩니다.

여기에 차를 세우면 안 됩니다.

여기에서 사진을 찍어서는 안 됩니다.

손을 내밀어서는 안 됩니다.

여기서는 달리면 안 됩니다.

◆ ～てはだめです。

例(れい)＞　ホールで遊(あそ)んではだめだ。

여기에서 울면 안 됩니다.

한동안 술을 마셔서는 안 됩니다.

한동안 담배를 피우면 안 됩니다.

한국에서는 식사할 때 그릇을 들고 먹으면 안 됩니다.

병원에서 전화를 걸면 안 됩니다.

◆ ない形(けい)

動詞(どうし)	ない形(けい)	ません
会(あ)う		
借(か)りる		
遊(あそ)ぶ		
置(お)く		
立(た)つ		
座(すわ)る		
教(おし)える		
急(いそ)ぐ		
起(お)きる		
使(つか)う		
売(う)る		
見(み)える		
咲(さ)く		
働(はたら)く		
忘(わす)れる		
習(なら)う		
帰(かえ)る		
入(はい)る		
知(し)る		
切(き)る		

◆ ～ないでください。

例(れい)＞　名前(なまえ)を書(か)きません。	書(か)く
名前(なまえ)を書(か)かないでください。	

病院(びょういん)でたばこを吸(す)いません。	
お酒(さけ)を飲(の)みません。	
アイスクリームを食(た)べません。	
教室(きょうしつ)に入(はい)りません。	
田中(たなか)さんと結婚(けっこん)しません。	
大(おお)きい声(こえ)で呼(よ)びません。	
パスポートを無(な)くしません。	
図書館(としょかん)で話(はな)しません。	
美術館(びじゅつかん)で写真(しゃしん)を撮(と)りません。	
心配(しんぱい)しません。	
早(はや)く帰(かえ)りません。	
映画館(えいがかん)で歌(うた)いません。	
電車(でんしゃ)で踊(おど)りません。	
公園(こうえん)で自転車(じてんしゃ)に乗(の)りません。	

◆ 예와 같이 빈칸을 채우시오.

動詞(どうし)	ます形(けい)	て形(けい)	ない形(けい)
例>会(あ)う	会(あ)います	会(あ)って	会(あ)わない
見(み)る			
遊(あそ)ぶ			
食(た)べる			
飲(の)む			
行(い)く			
する			
来(く)る			
帰(かえ)る			
読(よ)む			
知(し)る			
待(ま)つ			
聞(き)く			
話(はな)す			
売(う)る			
覚(おぼ)える			
起(お)きる			
乗(の)る			
降(ふ)る			
着(き)る			
切(き)る			
歩(ある)く			
死(し)ぬ			
急(いそ)ぐ			
飛(と)ぶ			
休(やす)む			

◆ ~なければなりません。

일찍 일어나지 않으면 안 됩니다. (일어나야 합니다.)
도서관에 책을 돌려주지 않으면 안 됩니다.(돌려주어야 합니다.)
일본어로 이야기해야 합니다. (하지 않으면 안 됩니다.)
이번 주 토요일은 학교에 가지 않으면 안 됩니다. (가야만 합니다.)
매일 약을 먹어야만 합니다.
내일 병원에 가야만 합니다.

◆ ~なくてもいいです。

오늘은 수업이 없어서 학교에 가지 않아도 됩니다.
좋아하지 않는 것은 먹지 않아도 됩니다.
불은 끄지 않아도 됩니다.
이 한자는 외우지 않아도 됩니다.
함께 오지 않아도 됩니다.
오늘은 레포트를 쓰지 않아도 됩니다.

◆ た形(けい)

動詞(どうし)	ました形(けい)	た形(けい)
会(あ)う		
借(か)りる		
遊(あそ)ぶ		
置(お)く		
立(た)つ		
座(すわ)る		
行(い)く		
教(おし)える		
使(つか)う		
起(お)きる		
使(つか)う		
売(う)る		
見(み)える		
咲(さ)く		
働(はたら)く		
忘(わす)れる		
習(なら)う		
帰(かえ)る		
入(はい)る		
知(し)る		
切(き)る		

◆ ~たことがあります。

일본에 가 본 적이 있습니까?
담배를 피워 본 적이 있습니까?
혼자서 여행한 적이 있습니까?
여기 와 본 적이 있습니까?
후지산에 올라가 본 적이 있습니까?
일본 영화를 본 적이 있습니까?

◆ ~たほうがいいです。

고기뿐만 아니라 야채도 먹는 편이 좋습니다.
오늘은 일찍 자는 편이 좋습니다.
매일 물을 많이 마시는 편이 좋습니다.
감기에 걸렸을 때는 푹 쉬는 편이 좋습니다.
술을 너무 많이 마시지 않는 편이 좋습니다.
떠들면서 밥을 먹지 않는 편이 좋습니다.

◆ 동사의 정중체, 반말체 연습 (1)

시제	정중체	반말체
현재	ます	기본형
부정	ません	ない형
과거	ました	た형
과거부정	ませんでした	なかった형

정중체	반말체	정중체	반말체
飲(の)みます	飲(の)む	見(み)ます	見(み)る
飲(の)みません	飲(の)まない	見(み)ません	見(み)ない
飲(の)みました	飲(の)んだ	見(み)ました	見(み)た
飲(の)みませんでした	飲(の)まなかった	見(み)ませんでした	見(み)なかった
歌(うた)う	**노래부르다**	行(い)く	**가다**
起(お)きる	**일어나다**	帰(かえ)る	**돌아가다**
話(はな)す	**이야기하다**	行(い)く	**가다**
読(よ)む	**읽다**	入(はい)る	**들어가다**

◆ 동사의 정중체, 반말체 연습 (2)

정중체	반말체	정중체	반말체
売(う)る	**팔다**	教(おし)える	**가르치다**
働(はたら)く	**일하다**	歌(うた)う	**노래부르다**
使(つか)う	**사용하다**	死(し)ぬ	**죽다**
切(き)る	**자르다**	寝(ね)る	**자다**
歩(ある)く	**걷다**	作(つく)る	**만들다**
借(か)りる	**빌리다**	泣(な)く	**울다**

◆ 동사의 활용연습 (1)

원형	의미	ます형	て형	た형
	마시다			
	먹다			
	돌아가다			
	열다			
	들다			
	듣다			
	쉬다			
	하다			
	오다			
	놀다			
	만들다			
	쓰다			
	피우다			
	이야기하다			
	들어가다			
	자르다			
	가다			
	사다			
	읽다			
	타다			
	만나다			
	공부하다			

◆ 동사의 활용연습 (2)

ます형	원형	て형	た형	ない형
会(あ)います				
寝(ね)ます				
切(き)ります				
話(はな)します				
待(ま)ちます				
起(お)きます				
教(おし)えます				
急(いそ)ぎます				
飛(と)びます				
使(つか)います				
帰(かえ)ります				
見(み)ます				
遊(あそ)びます				
行(い)きます				
来(き)ます				
入(はい)ります				
聞(き)きます				
死(し)にます				
降(お)ります				
読(よ)みます				
します				
走(はし)ります				

◆ 의지형 연습

동사	의지형	ましょう
食(た)べる		
帰(かえ)る		
開(あ)ける		
持(も)つ		
教(おし)える		
休(やす)む		
入(はい)る		
使(つか)う		
着(き)る		
作(つく)る		
遊(あそ)ぶ		
泣(な)く		
する		
くる		
降(お)りる		
笑(わら)う		
落(お)ちる		
閉(し)める		
呼(よ)ぶ		
行(い)く		
要(い)る		
覚(おぼ)える		

◆ て形(けい), た形(けい), たり形(けい), たら形(けい)

동사	て形(けい)	た形(けい)	たり形(けい)	たら形(けい)
의미	~하고, ~이고, ~해서	~했다	~하기도 하고	~하면
食(た)べる				
飲(の)む				
歌(うた)う				
聞(き)く				
話(はな)す				
運動(うんどう)する				
歩(ある)く				
見(み)る				
乗(の)る				
降(ふ)る				
降(お)りる				
来(く)る				
会(あ)う				
走(はし)る				
入(はい)る				
行(い)く				
急(いそ)ぐ				
使(つか)う				
着(き)る				
かける				
持(も)つ				
帰(かえ)る				
呼(よ)ぶ				
作(つく)る				

◆ 가능형 연습

원형	가능형	가능정중	ことができる
作(つく)る			
借(か)りる			
座(すわ)る			
買(か)う			
食(た)べる			
泳(およ)ぐ			
見(み)る			
帰(かえ)る			
運転(うんてん)する			
歩(ある)く			
待(ま)つ			
書(か)く			
話(はな)す			
登(のぼ)る			
走(はし)る			
寝(ね)る			
覚(おぼ)える			
思(おも)う			
使(つか)う			
頑張(がんば)る			
来(く)る			
行(い)く			

◆ 가정형 연습

원형	ば형	たら형	なら형	と형
飲(の)む				
有名(ゆうめい)				
帰(かえ)る				
難(むずか)しい				
行(い)く				
休(やす)み				
休(やす)む				
する				
暇(ひま)				
高(たか)い				
いい				
書(か)く				
日曜日(にちようび)				
話(はな)す				
重(おも)い				
おいしい				
好(す)き				
会(あ)う				
結婚(けっこん)する				

動詞(どうし)12			

住む	通る	赤ちゃんが生まれる	習う

借りる	パスポートが要る	家を建てる	疲れる

連れていく	眠る	乗り換える	光る
	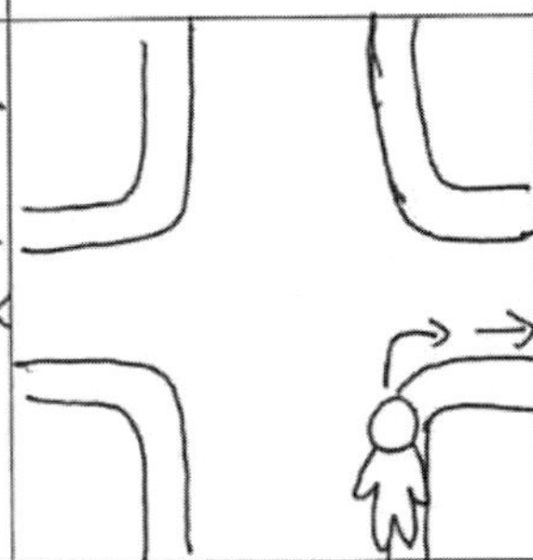		
タクシーを拾う	右に曲がる	見せる	濡れる

動詞(どうし)11

車が止まる

お金が足りる

道を尋ねる

旅館に泊まる

聞く

ジムに通う

調べる

本を返す

思い出す

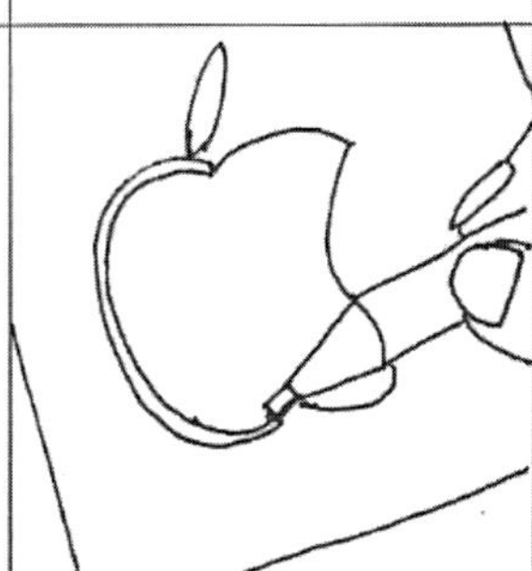
写す

人が集まる

財布を落とす

パスポートを忘れる

見える

風が吹く

ケータイを使う

動詞(どうし)13

		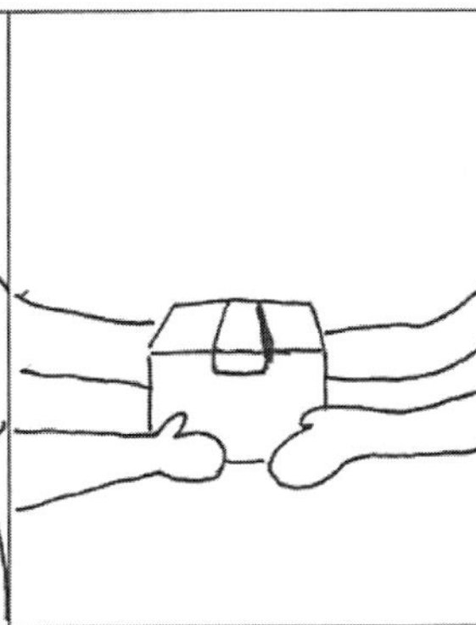	
無くす	取り替える	届ける	キムチを浸ける

頼む	進む	決める	頑張る

折る・折り紙	植える	気が合う	盗む
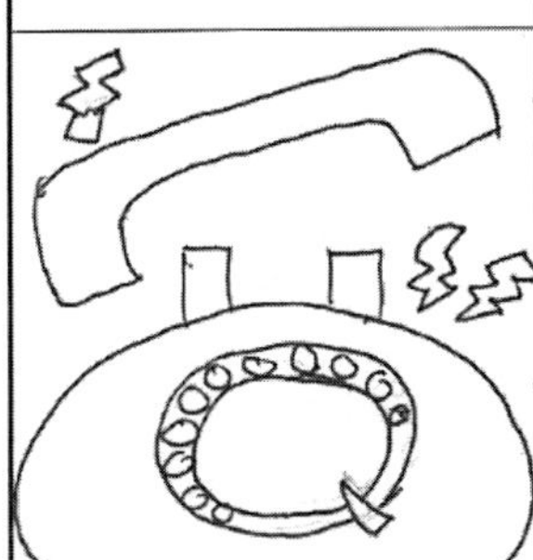	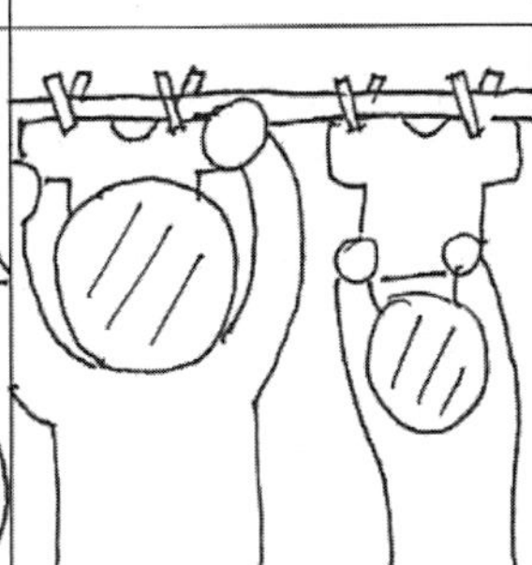		
電話が鳴る	手伝う	釣る	育てる

動詞(どうし)14

音がする	匂いがする	テニスをする	風邪をひく

食べたがる	花が咲く	電車を降りる	試合に勝つ
	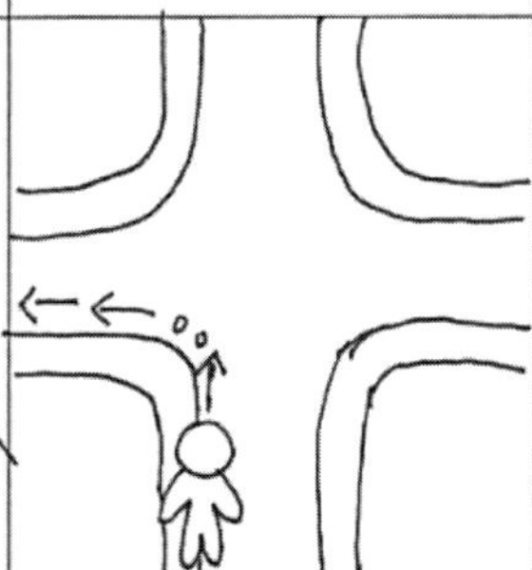		
赤ちゃんを産む	左に曲がる	ストーブをつける	心配する

腰をかける	電話に起こされる	運転できる	変な味がする

動詞(どうし)15

夢を見る	歯を磨く	切手を貼る	帽子をかぶる

ジャケットを着る	ズボンを履く	熱がある	車が壊れる
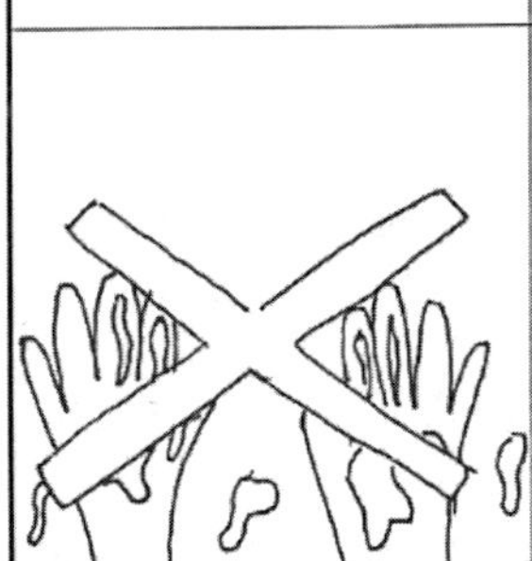			
手が汚れる	吐気がする	咳がでる	お大事に

旅行に行く	静かなまち	賑やかな所	本を借りに行く

◆ 한자연습

飮	聞	見	寝	読	買	行
마실 음	**들을 문**	**볼 견**	**잘 침**	**읽을 독**	**살 매**	**갈 행**
言	出	休	待	遊	来	歌
말씀 언	**날 출**	**쉴 휴**	**기다릴 대**	**놀 유**	**올 래**	**노래 가**
開	教	作	売	知	持	登
열 개	**가르칠 교**	**지을 작**	**팔 매**	**알 지**	**가질 지**	**오를 등**
始	着	洗	歩	急	乗	降
처음 시	**입을 착**	**씻을 세**	**걸음 보**	**급할 급**	**탈 승**	**내릴 항**
集	動	思	起	終	泳	覚
모일 집	**움직일 동**	**생각할 사**	**일어날 기**	**끝낼 종**	**헤엄칠 영**	**깨달을 각**
選	書	借	返	考	感	決
가릴 선	**쓸 서**	**빌릴 차**	**돌아올 반**	**상고할 고**	**느낄 감**	**결정할 결**
消	困	死	座	空	吸	進
사라질 소	**곤할 곤**	**죽을 사**	**자리 좌**	**빌 공**	**숨들이쉴 흡**	**나아갈 진**
住	立	足	違	使	止	取
살 주	**설 립**	**발 족**	**다를 위**	**하여금 사**	**그칠 지**	**취할 취**
泣	習	残	運	走	仏	勝
울음 읍	**익힐 습**	**남을 잔**	**옮길 운**	**달릴 주**	**떨칠 불**	**이길 승**
天	真	心	多	広	悪	熱
하늘 천	**참 진**	**마음 심**	**많을 다**	**넓을 광**	**악할 악**	**더울 열**
重	軽	赤	黒	白	青	細
무거울 중	**가벼울 경**	**붉을 적**	**검을 흙**	**흰 백**	**푸를 청**	**가늘 세**

◆ 주요숙어 1

숙어	의미
朝寝坊(あさねぼう)をする、昼寝(ひるね)をする	늦잠을 자다, 낮잠을 자다
田舎(いなか)に行(い)ってくる 実家(じっか)へ行(い)ってくる	시골에 다녀오다 친정(본가)에 다녀오다
帽子(ぼうし)をかぶる、眼鏡(めがね)をかける	모자를 쓰다, 안경을 쓰다
スカートを履(は)く、ズボンを履(は)く	스커트를 입다, 바지를 입다
顔(かお)を洗(あら)う、手(て)を洗(あら)う	세수를 하다, 손을 씻다
お湯(ゆ)をわかす、ごはんを炊(た)く	물을 끓이다, 밥을 짓다
ゆっくり休(やす)む、ゆっくりする	푹 쉬다
傘(かさ)を貸(か)す、本(ほん)を借(か)りる	우산을 빌려주다, 책을 빌리다
英語(えいご)を習(なら)う	영어를 배우다
太(ふと)っている、やせている	뚱뚱하다, 마르다
結婚(けっこん)しています。	결혼했습니다
料理(りょうり)をする、掃除(そうじ)をする	요리를 하다, 청소를 하다
日本語教室(にほんごきょうしつ)で日本語(にほんご)を習(なら)う	일본어학원에서 일본어를 배우다
予習(よしゅう)をする、復習(ふくしゅう)をする	예습을 하다, 복습을 하다
運動(うんどう)をする、スキーをする	운동을 하다, 스키를 타다
雨(あめ)(雪(ゆき))が降(ふ)る、雨(あめ)がやむ	비(눈)이 내리다, 비가 그치다
日記(にっき)をつける、手紙(てがみ)を書(か)く	일기를 쓰다, 편지를 쓰다
試験(しけん)をうける 試験(しけん)に受(う)かる、試験に落(お)ちる	시험을 보다 시험에 붙다, 시험에 떨어지다
味(あじ)がする、音(おと)がする	맛이 나다, 소리가 나다
パーマをかける	파마를 하다
カットする、カラーリングする	커트하다, 염색하다
体(からだ)の具合(ぐあ)い(調子(ちょうし))が悪(わる)い	몸이 좋지 않다
風邪(かぜ)をひく、風(かぜ)が吹(ふ)く	감기에 걸리다, 바람이 불다

◆ 주요숙어 2

숙어	의미
新聞(しんぶん)を読(よ)む、漫画(まんが)を読む	신문을 보다, 만화를 보다
映画(えいが)を見(み)る、テレビを見(み)る	영화를 보다, 텔레비전을 보다
コーヒーを飲(の)む、お酒(さけ)を飲(の)む	커피를 마시다, 술을 마시다
ご飯(はん)を食(た)べる 朝(あさ)ご飯(はん)、昼(ひる)ご飯(はん) 晩(ばん)ご飯(はん)	밥을 먹다 아침, 점심, 저녁
仕事(しごと)をする、勉強(べんきょう)する	일을 하다, 공부하다
友達(ともだち)と話(はな)す	친구와 이야기하다
たばこ(タバコ)を吸(す)う	담배를 피우다
友達(ともだち)に会(あ)う	친구를 만나다
家(うち)へ帰(かえ)る、会社(かいしゃ)に行(い)く	집에 가다, 회사에 가다
音楽(おんがく)を聞(き)く、絵(え)をかく	음악을 듣다, 그림을 그리다
お風呂(ふろ)に入(はい)る、シャワーをあびる	목욕을 하다, 샤워를 하다
買(か)い物(もの)をする、買い物に行(い)く	쇼핑을 하다, 쇼핑하러 가다
電話(でんわ)をかける	전화를 걸다
写真(しゃしん)を撮(と)る、夢(ゆめ)をみる	사진을 찍다, 꿈을 꾸다
タバコをやめる、お酒(さけ)をやめる	담배를 끊다, 술을 끊다
食事(しょくじ)をする、運動(うんどう)する	식사를 하다、운동을 하다
薬(くすり)を飲(の)む、お茶(ちゃ)を入(い)れる	약을 먹다, 차를 달이다
歌(うた)を歌(うた)う	노래를 부르다
かばんを持(も)つ	가방을 들다
電気(でんき)をつける、電気(でんき)を消(け)す クーラー、テレビ、ガス	전기를 켜다, 전기를 끄다 에어컨, 텔레비전, 가스
バスに乗(の)る、タクシーに乗(の)る	버스를 타다, 택시를 타다

▶ カタカナ練習(れんしゅう)1

カタカナ	의미	カタカナ	의미
アイスクリーム	아이스크림	オフィス	오피스, 사무실
アイディア	아이디어	オリンピック	올림픽
アイロン	다리미	オルガン	오르간
アウト	아웃	カー	카, 자동차
アクセント	액센트	カーテン	커튼
アジア	아시아	カード	카드
アパート	아파트	ガス	가스
アフリカ	아프리카	カセットテープ	카세트테이프
アメリカ	아메리카	ガソリン	가솔린
アルコール	알코올	ガソリンスタンド	주유소
アルバイト	아르바이트	カップ	컵
アルバム	앨범	ガム	껌
アンテナ	안테나	カメラ	카메라
イコール	같음	カラー	컬러
イメージ	이미지	ガラス	글라스,유리
インク	잉크	カルタ	트럼프
ウイスキー	위스키	カレー	카레
ウーマン	우먼, 여성	カレンダー	캘린더,달력
ウール	울, 양모, 모직	ギター	기타
ウエートレス	웨이트리스	ギャング	갱,폭력단
エスカレーター	에스컬레이터	キャンプ	캠프
エチケット	에티켓	キログラム	킬로그램
エネルギー	에너지	キロメートル	킬로미터
エプロン	앞치마	クーラー	에어컨
エレベーター	엘리베이터	クラシック	클래식
オイル	오일, 기름	クラス	클래스,반
オーケストラ	오케스트라	グラス	글라스,잔
オートバイ	오토바이	クラブ	클럽
オートメーション	자동	グラフ	그래프
オーバー	겨울외투	グラム	그램

▶ カタカナ練習(れんしゅう)2

カタカナ	의미	カタカナ	의미
グランド	그라운드	サンプル	샘플
クリーニング	클리닝, 세탁	シーズン	시즌
クリーム	크림	シーツ	시트
クリスマス	크리스마스	ジーンズ	진, 청바지
グループ	그룹	ジェット機(き)	제트기
ケーキ	케이크	ジャーナリスト	저널리스트
ケース	상자, 케이스	シャツ	셔츠
ゲーム	게임	ジャム	잼
消(け)しゴム	지우개	シャワー	샤워
コース	코스	ジュース	쥬스
コーチ	코치	ショップ	숍, 가게
コート	코트, 외투	シリーズ	시리즈
コード	코드	スーツ	슈트, 양복
コーラス	코러스, 합창단	スーツケース	슈트케이스
ゴール	골	スーパーマーケット	슈퍼마켓
コック	쿡, 요리사	スープ	스프
コップ	컵	スイッチ	스위치
ゴム	고무	スカート	스커트
コレクション	컬렉션, 수집	スキー	스키
コンクール	콩쿠르	スクール	스쿨, 학교
コンクリート	콘크리트	スクリーン	스크린
コンサート	콘서트	スケート	스케이트
コンセント	콘센트	スケジュール	스케줄
コンピューター	컴퓨터	スター	스타
サークル	서클	スタート	스타트
サイレン	사이렌	スタイル	스타일
サイン	사인	スタンド	스탠드
サラダ	샐러드	ステーキ	스테이크
サラリーマン	샐러리맨	ステージ	스테이지, 무대
サンダル	샌들	ステレオ	스테레오

▶ カタカナ練習(れんしゅう)3

カタカナ	의미	カタカナ	의미
ストーブ	스토브	ダンス	댄스
ストッキング	스타킹	チーズ	치즈
ストップ	스톱, 정지	チーム	팀
スピーカー	스피커	チェック	체크
スピーチ	스피치	チップ	팁
スピード	스피드	チャンス	찬스, 기회
スプーン	스푼	チョーク	초크, 분필
スポーツ	스포츠	デート	데이트
ズボン	바지	テーブル	테이블
スマート	스마트	テープ	테이프
スライド	슬라이드	テープレコーダー	녹음기
スリッパ	슬리퍼	テーマ	테마
セーター	스웨터	テキスト	텍스트, 교과서
セット	세트	テスト	테스트
ゼミ	세미나	テニスコート	테니스코트
セメント	시멘트	デパート	백화점
ゼロ	제로, 영	デモ	데모, 시위
センター	센터, 중앙	テレビ	텔레비전
センチ	센티미터	テント	텐트
ソファー	소파	テンポ	템포,속도
ソフトクリーム	소프트	ドア	문
タイプ	타입	トイレ	화장실
タオル	타월, 수건	ドライブ	드라이브
タイヤ	타이어	トランプ	트럼프
ダイヤモンド	다이아몬드	トレーニング	트레이닝, 훈련
ダイヤル	다이얼	ドレス	드레스
タクシー	택시	トン	톤
ダブル	더블	トンネル	터널
ダム	댐	ナイフ	나이프, 칼
ダイヤ(グラム)	다이어그램	ナイロン	나일론

▶ カタカナ練習(れんしゅう)4

カタカナ	의미	カタカナ	의미
ナンバー	넘버	ビデオ	비디오
ニュース	뉴스	ビニール	비닐
ネクタイ	넥타이	ビル	빌딩
ネックレス	목걸이	ピン	핀
ノート	노트	ピンク	핑크
ノック	노크	ファスナー	지퍼
パーセント	퍼센트	フィルム	필름
パーティー	파티	プール	풀, 수영장
パートタイム	파트타임	フォーク	포크
バイオリン	바이올린	フライパン	후라이팬
ハイキング	하이킹	ブラウス	블라우스
パイロット	파일럿, 조종사	ブラシ	브러시, 솔
バケツ	양동이	プラス	플러스
バス	버스	プラスチック	플라스틱
パス	패스, 통과, 합격	プラットホーム	플랫폼
パスポート	여권	プラン	플랜, 계획
パソコン	컴퓨터	フリー	프리, 무료
バター	버터	プリント	프린트
パターン	패턴	ブレーキ	브레이크
バック	백, 가방	プレゼント	선물
パパ	아빠	プロ	프로
バランス	밸런스, 균형	ブローチ	브로치
パン	빵	ページ	페이지
ハンカチ	손수건	ベッド	침대
ハンサム	핸섬	ペット	애완동물
パンツ	팬티	ベテラン	베테랑
ビール	맥주	ヘリコプター	헬리콥터
ピクニック	피크닉	ベル	벨
ピストル	피스톨, 권총	ベルト	벨트
ビタミン	비타민	ベンチ	벤치

▶ カタカナ練習(れんしゅう)5

カタカナ	의미	カタカナ	의미
ペンキ	페인트	メンバー	멤버
ボーイ	보이, 소년	モーター	모터
ボート	보트	モダン	모던
ボーナス	보너스	モデル	모델
ホーム	홈, 가정	モノレール	모노레일
ボール	볼	ユーモア	유머
ボールペン	볼펜	ヨーロッパ	유럽
ポケット	포켓	ヨット	요트
ポスター	포스터	ライター	라이터
ポスト	우체통	ライト	라이트, 빛
ボタン	버튼	ラケット	라켓
ホテル	호텔	ラジオ	라디오
マーケット	마켓	ランチ	런치, 점심
マイク	마이크	ランニング	러닝, 달리기
マイナス	마이너스	リットル	리터
マスク	마스크	レインコート	레인코트
マスター	마스터	レコード	레코드
マッチ	매치, 시합	レジ	레지
マフラー	머플러	レジャー	레저
マラソン	마라톤	レストラン	레스토랑
マンション	맨션	レベル	레벨
ミシン	미싱, 재봉틀	レポート	레포트
ミス	미스, 실수	レンズ	렌즈
ミリ	밀리(미터)	ローマ字(じ)	로마자
ミルク	밀크, 우유	ロケット	로켓
メーター	계기자동계량기	ロッカー	라커, 보관함
メートル	미터	ロビー	로비
メール	메일	ワープロ	워드프로세서
メニュー	메뉴	ワイン	와인
メモ	메모	ワンピース	원피스

단어시험 N3-1

単語	読み仮名	意味	単語	読み仮名	意味
行く			痩せる		
買う			吸う		
書く			泣く		
会う			飲む		
見る			並ぶ		
食べる			教える		
開ける			捨てる		
乗る			洗う		
寝る			握る		
聞く			撮る		
起きる			切る		
笑う			焼く		
読む			帰る		
歌う			着る		
泳ぐ			消す		
降る			話す		
勝つ			座る		
太る			踊る		
祈る			お風呂に入る		
怒る			運ぶ		
並べる			噛む		
叱る			止める		
倒れる			踏む		
吹く			晴れる		

단어시험 N3-2

単語	読み仮名	意味	単語	読み仮名	意味
拭く			拾う		
飛ぶ			酔う		
壊す			落ちる		
歩く			回す		
渡る			滑る		
脱ぐ			打つ		
逃げる			磨く		
履く			投げる		
覚える			選ぶ		
走る			奢る	おごる	
置く			測る		
減る			守る		
呼ぶ			煮る		
増える			助ける		
作る			茹でる		
死ぬ			働く		
思う				あげる	
待つ			炒める		
降りる				やる	
売る			震える		
休む			描く		
遅れる			止む		
立つ			送る		
取る			登る		

단어시험 N3-3

単語	読み仮名	意味	単語	読み仮名	意味
噛む			聳える		
喋る			外す		
治る			鼻をかむ		
入れる			似る		
伸ばす			叩く		
電話に出る			·	しゃがむ	
押す			誉める		
部屋を出る			払う		
出す			車に引かれる		
·	もらう		当たる		
ゴミを出す			ギターを弾く		
手紙を出す			急ぐ		
用を出す			皿が割れる		
曇る			トランクを引く		
終わる			直す		
貼る			触る		
伝える			残す		
間に合う			下がる		
混む·込む			引っ越す		
謝る			上がる		
変わる			召し上がる		
試験を受ける			困る		
アイロンをかける			辞める		
歌う			乾く		

단어시험 N3-4

単語	読み仮名	意味	単語	読み仮名	意味
起こす			揺れる		
浴びる			行う		
戻る			苛める	いじめる	
飲み続ける			お湯を沸かす		
止まる			濡れる		
使う			住む		
足りる			見せる		
吹く			通る		
尋ねる			曲がる		
見える			生まれる		
旅館に泊まる			拾う		
忘れる			習う		
聞く			光る		
財布を落とす			借りる		
ジムに通う			乗り換える		
集まる			要る		
調べる			眠る		
写す			建てる		
本を返す			連れていく		
思い出す			疲れる		

단어시험 N3-5

単語(たんご)	読み仮名(よがな)	意味(いみ)	単語(たんご)	読み仮名(よがな)	意味(いみ)
無くす			届ける		
育てる			手伝う		
取り替える			漬ける		
釣る			鳴る		
頼む			折る		
盗む			植える		
進む			音がする		
気が合う			匂いがする		
決める			テニスをする		
頑張る			風邪をひく		
花が咲く			味がする		
運転できる			起こされる		
食べたがる			電車を降りる		
試合に勝つ			左に曲がる		
夢を見る			心配する		
借りに行く			履く		
歯を磨く			熱がある		
汚れる			吐気がする		
静かなまち			咳がでる		
切手を貼る			着る		
帽子をかぶる			壊れる		

▶ 관용구

관용구	의미
耳(みみ)にする	듣다(들을 생각이 없던 것을 듣다)
耳(みみ)が早(はや)い	소문따위를 듣는 것이 빠르다.
耳(みみ)をうたがう	귀를 의심하다. 들은 것을 믿을 수가 없다.
目(め)をまるくする	(놀라서)눈이 휘둥그레지다.
はなにかける	내세우다, 자랑하다.
口(くち)をそろえる	입을 모으다, 이구동성으로 말하다.
はが立(た)たない	못 당하다, 벅차다
したをまく	혀를 내두르다, 몹시 놀라거나 두려워하다.
ひたいをあつめる	여럿이 모여(이마를 맞대고) 의논하다.
かおから火(ひ)が出(で)る	너무 창피해서 얼굴이 빨개지다.
あたまが下(さ)がる	머리가 수그러지다.
のどから手(て)が出(で)る	몹시 갖고 싶은 욕망이 일어남의 비유.
くびをかしげる	고개를 갸웃하다, 미심쩍게 여기다.
くびをつっこむ	깊이 관계하다, 관심을 갖다.
むねをかりる	(선배 등)실력이 위인 자에게 한 수 배우다.
むねにきざむ	마음에 새기다.
かたをもつ	편들다, 지지하다, 두둔하다
かたをおとす	어깨가 처지다.
かたでいきをする	어깨로 숨을 쉬다, 힘들게 숨을 쉬다.
うでがなる	(자기 솜씨를 보이고 싶어서)좀이 쑤시다.
手(て)をやく	애먹다, 처치곤란해하다.
へそをまげる	토라져서 심통을 부리다. 토라지다.
はらが立(た)つ	화가 나다, 성나다.
こしをぬかす	깜짝 놀라서 일어날 기력이 없다.
こしがひくい	겸손하다.
足(あし)がぼうになる	장시간 걷거나 서 있어서 매우 지치고 다리가 뻣뻣해지다.
ほねがおれる	힘들다, 성가시다.
いきがあう	서로의 호흡이 맞다.
いきをのむ	놀라서 숨죽이다.
こころにのこる	감동,인상 등이 먼 훗날까지 잊히지 않는다.
なみだをのむ	눈물을 삼키다. 눈물을 참다.

KFLP3

◆ 품사별 활용방법

(1) 명사, な형용사의 정중체와 보통체

정중체	보통체
です。	だ。
ではありません。 (じゃありません。)	ではない。 (じゃない。)
でした。	だった。
ではありませんでした。 (じゃありませんでした。)	ではなかった。 (じゃなかった。)

(2) い형용사의 정중체와 보통체

정중체	보통체
です。	원형
~~い~~ くありません。 ~~い~~ くない(です)。	~~い~~ くない。
~~い~~ かったです。	~~い~~ かった。
~~い~~ くありませんでした。 ~~い~~ くなかった(です)。	~~い~~ くなかった。

(3) 동사의 정중체와 보통체

정중체	보통체
ます。	원형
ません。	ない형
ました。	た형
ませんでした。	なかった형

◆ 품사별 체언수식방법

명사	の	명사	私(わたし)の本(ほん)	今度(こんど)の日曜日(にちようび)
な형용사	な	명사	有名(ゆうめい)な本	暇(ひま)な日曜日(にちようび)
い형용사	×	명사	高(たか)い本(ほん)	忙(いそが)しい日曜日(にちようび)
동사	×	명사	行(い)くとき	食(た)べる人(ひと)

◆ 조사

は		から		より	
を		まで		でも	
が		で		しか	
に		か		ぐらい	
も		と		など	

◆ 지시대명사

	사물	장소	연 체 사	
근칭	これ	ここ	この	こちら
중칭	それ	そこ	その	そちら
원칭	あれ	あそこ	あの	あちら
부정칭	どれ	どこ	どの	どちら

◆ 今日(きょう)は何月何日(なんがつなんにち)ですか。

1月	2月	3月	4月
いちがつ	にがつ	さんがつ	★しがつ
5月	6月	7月	8月
ごがつ	ろくがつ	★しちがつ	はちがつ
9月	10月	11月	12月
★くがつ	じゅうがつ	じゅういちがつ	じゅうにがつ

1日	2日	3日	4日	5日
ついたち	ふつか	みっか	よっか	いつか
6日	7日	8日	9日	10日
むいか	なのか	ようか	ここのか	とおか
11日	12日	13日	14日	15日
じゅういちにち	じゅうににち	じゅうさんにち	じゅうよっか	じゅうごにち
16日	17日	18日	19日	20日
じゅうろくにち	じゅうしちにち	じゅうはちにち	じゅうくにち	はつか
21日	22日	23日	24日	25日
にじゅういちにち	にじゅうににち	にじゅうさんにち	にじゅうよっか	にじゅうごにち
26日	27日	28日	29日	30日
にじゅうろくにち	にじゅうしちにち	にじゅうはちにち	にじゅうくにち	さんじゅうにち
31日	*예외의 경우는 日(にち)의 발음을 하지 않는다.			
さんじゅういちにち				

一昨年 (おととし) **제 작년**	去年 (きょねん) **작년**	今年 (ことし) **금년(올해)**	来年 (らいねん) **내년**	再来年 (さらいねん) **내후년**
先々月 (せんせんげつ) **지지난달**	先月 (せんげつ) **지난 달**	今月 (こんげつ) **이번 달**	来月 (らいげつ) **다음 달**	再来月 (さらいげつ) **다 다음 달**
先々週 (せんせんしゅう) **지지난주**	先週 (せんしゅう) **지난주**	今週 (こんしゅう) **금주**	来週 (らいしゅう) **다음주**	再来週 (さらいしゅう) **다 다음주**
一昨日 (おととい) **그제**	昨日 (きのう) **어제**	今日 (きょう) **오늘**	明日 (あした) **내일**	明後日 (あさって) **모레**

◆ 位置表現(いちひょうげん)

<table>
<tr><td>위</td><td>上
(うえ)</td><td rowspan="2">앞</td><td rowspan="2">前
(まえ)</td><td rowspan="2">왼쪽</td><td rowspan="2">左
(ひだり)</td><td rowspan="2">맞은편</td><td rowspan="2">むこう</td><td>옆</td><td>横(よこ)</td></tr>
<tr><td rowspan="2">중간</td><td rowspan="2">中
(なか)</td><td rowspan="2">옆</td><td rowspan="2">隣(となり)</td></tr>
<tr><td rowspan="2">뒤</td><td rowspan="2">後
(うし)ろ</td><td rowspan="2">오른쪽</td><td rowspan="2">右
(みぎ)</td><td rowspan="2">사이</td><td rowspan="2">間
(あいだ)</td></tr>
<tr><td>아래</td><td>下
(した)</td><td>옆</td><td>そば</td></tr>
</table>

絵(え)

◆ N2 형용사 1~5

形容詞(けいようし)1			

青(あお)い	忙(いそが)しい	浅(あさ)い	温(あたた)かい

厚(あつ)い	甘(あま)い	怪(あや)しい	荒(あら)い

勇(いさ)ましい	薄(うす)い	薄暗(うすぐら)い	うまい

羨(うらや)ましい	うるさい	嬉(うれ)しい	偉(えら)い

形容詞(けいようし)2

		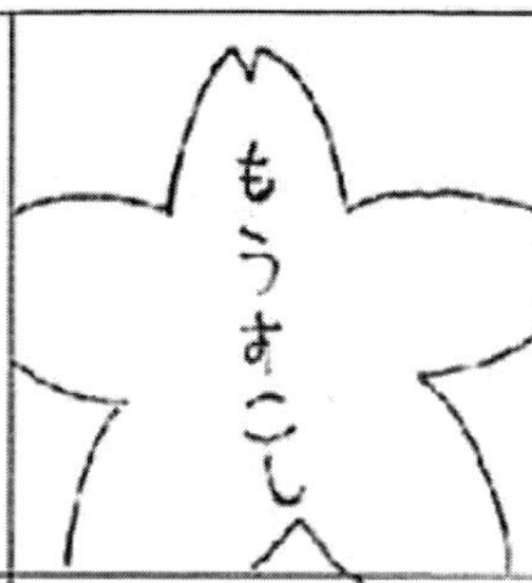	
おかしい	幼(おさな)い	惜(お)しい	おめでたい

重(おも)たい	悲(かな)しい	かわいい	黄色(きいろ)い
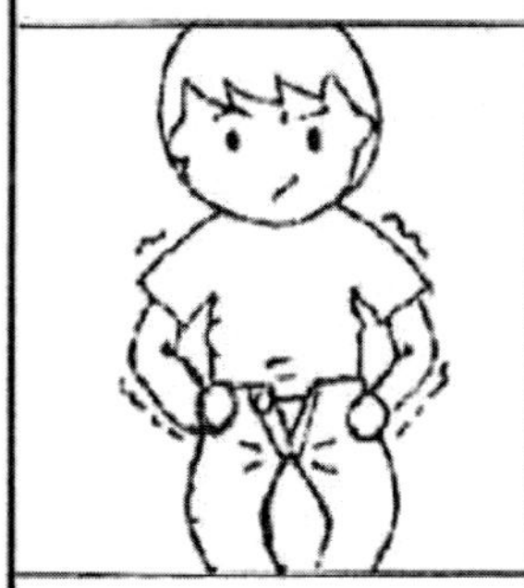			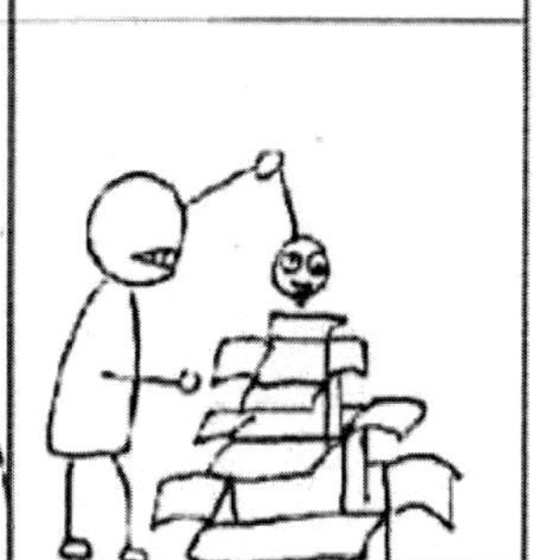
きつい	厳(きび)しい	臭(くさ)い	くだらない

悔(くや)しい	汚(きたな)い	苦(くる)しい	煙(けむ)い

形容詞(けいようし) 3

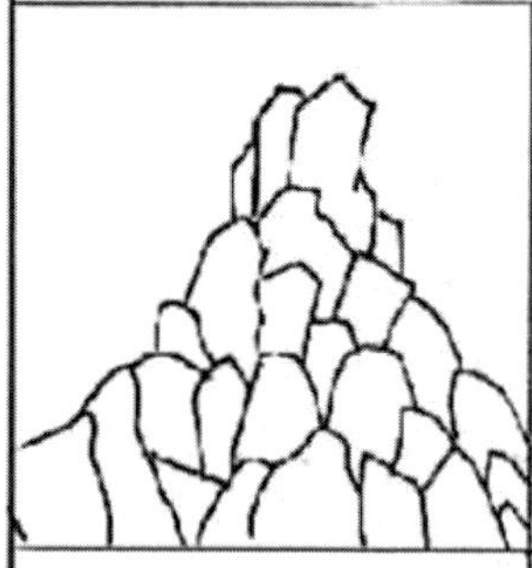			
険(けわ)しい	恋(こい)しい	寂(さび)しい	騒(さわ)がしい
	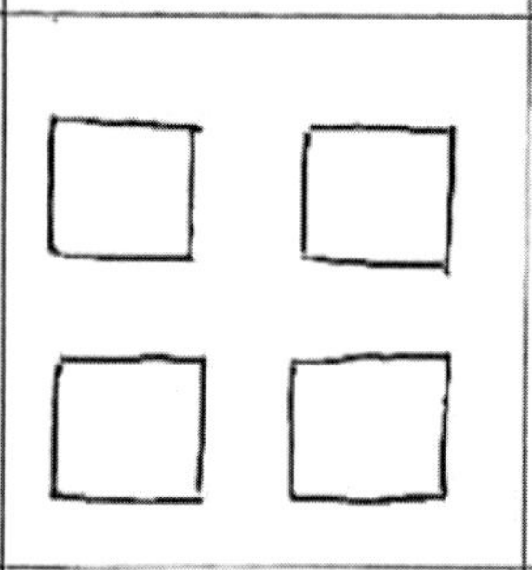		
塩辛(しおから)い	四角(しかく)い	しつこい	ずうずうしい

素晴(すば)らしい	狡(ずる)い	騒々(そうぞう)しい	正(ただ)しい

楽(たの)しい	違(ちが)いない	力強(ちからづよ)い	茶色(ちゃいろ)い

形容詞(けいようし) 4

	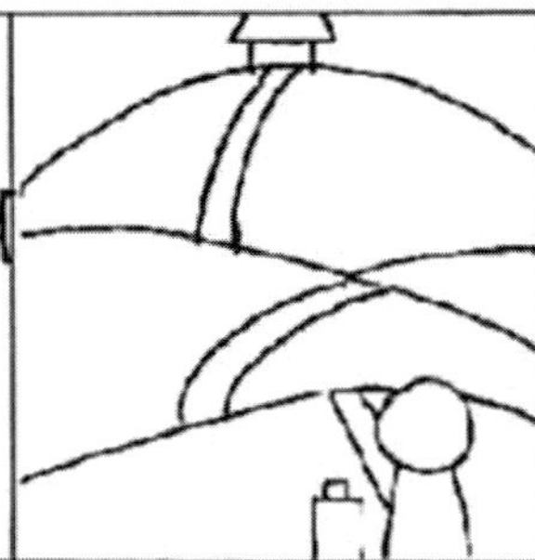	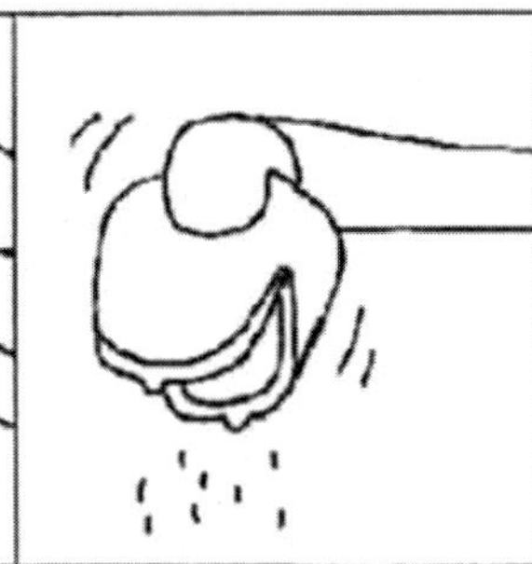	
強(つよ)い	遠(とお)い	無(な)い	苦(にが)い

憎(にく)い	憎(にく)らしい	鈍(にぶ)い	温(ぬる)い

眠(ねむ)い	鈍(のろ)い	ばからしい	激(はげ)しい

恥(は)ずかしい	甚(はなは)だしい	等(ひと)しい	太(ふと)い

形容詞(けいようし)5

		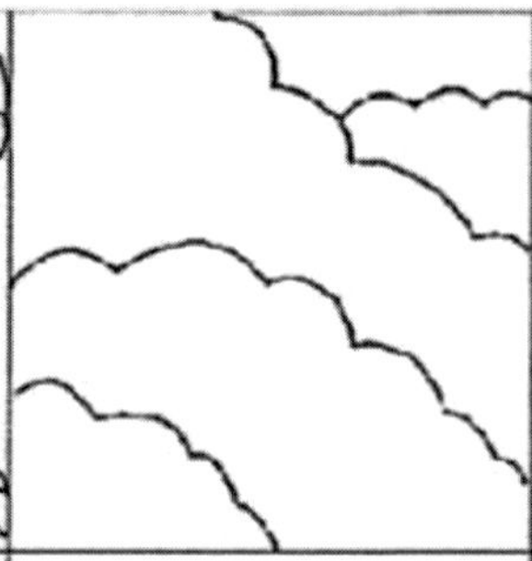	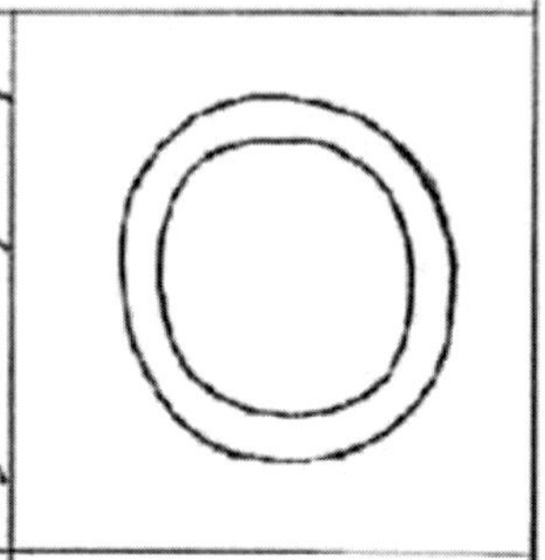
欲(ほ)しい	貧(まず)しい	真(ま)っ白(しろ)い	丸(まる)い

みっともない	醜(みにく)い	蒸(む)し暑(あつ)い	めでたい
			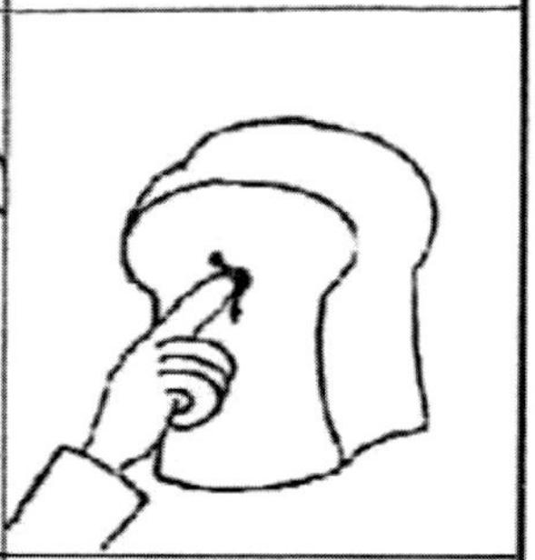
面倒(めんどう)くさい	物凄(ものすご)い	やかましい	柔(やわら)かい

緩(ゆる)い	宜(よろ)しい	若々(わかわか)しい	悪(わる)い

な形容詞3

同(おな)じだ

穏(おだ)やかだ

勝手(かって)だ

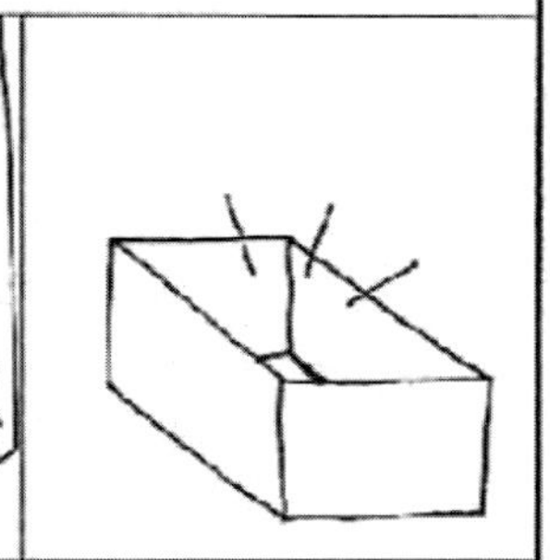

空(から)っぽだ

逆(ぎゃく)だ

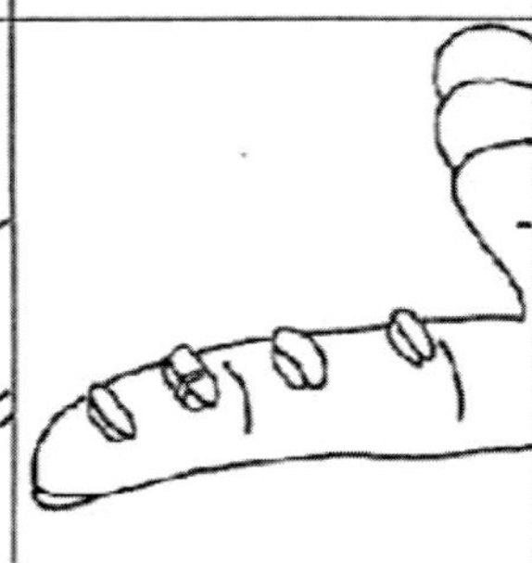

器用(きよう)だ

下品(げひん)だ

重要(じゅうよう)だ

様々(さまざま)だ

地味(じみ)だ

正直(しょうじき)だ

上品(じょうひん)だ

深刻(しんこく)だ

大変(たいへん)だ

大切(たいせつ)だ

大丈夫(だいじょうぶ)だ

な形容詞 4

駄目(だめ)だ

呑気(のんき)だ

必要(ひつよう)だ

不安(ふあん)だ

不足(ふそく)だ

普通(ふつう)だ

別々(べつべつ)だ

変(へん)だ

稀(まれ)だ

満足(まんぞく)だ

見事(みごと)だ

惨(みじ)めだ

めちゃくちゃだ

面倒(めんどう)だ

愉快(ゆかい)だ

乱暴(らんぼう)だ

◆ 동사활용표

동사	ます形(けい) −입니다	て形(けい) −하고, 이고, 해서	ない形(けい) −가 아니다
5단동사 (1그룹)	い단+ます	う,つ,る→って ぬ,む,ぶ→んで く→いて, ぐ→いで す→して	あ단 + ない
상하1단동사 (2그룹동사)	る를 빼고 ます	る를 빼고 て	る를 빼고 ない
くる	きます	きて	こない
する	します	して	しない
예외		行(い)く→行(い)って	う→わない ある→ない いる→いない

동사	可能形(かのうけい) −할 수 있다	仮定形(かていけい) −하면	意志形(いしけい) −하자
5단동사 (1그룹)	え단 + る	え단 + ば	お단 +う
상하1단동사 (2그룹동사)	る를 빼고 られる	る를 빼고 れば	る를 빼고 よう
くる	こられる	くれば	こよう
する	できる	すれば	しよう
예외			

◆ 예외 5단 동사 활용표

동사	ます形(けい) (~ㅂ니다)	て形(けい) (~하고/해서)	ない形(けい) (~지 않는다)
帰(かえ)る　돌아가다	帰ります	帰って	帰らない
入(はい)る　들어가다	入ります	入って	入らない
知(し)る　알다	知ります	知って	知らない
走(はし)る　달리다	走ります	走って	走らない
切(き)る　자르다	切ります	切って	切らない
要(い)る　필요하다	要ります	要って	要らない
減(へ)る　줄다	減ります	減って	減らない
滑(すべ)る　미끄러지다	滑ります	滑って	滑らない

동사	可能形(かのうけい) (~할 수 있다)	仮定形(かていけい) (~하면)	意志形(いしけい) (~하자)
帰(かえ)る　돌아가다	帰れる	帰れば	帰ろう
入(はい)る　들어가다	入れる	入れば	入ろう
知(し)る　알다		知れば	
走(はし)る　달리다	走れる	走れば	走ろう
切(き)る　자르다	切れる	切れば	切ろう
要(い)る　필요하다		要れば	
減(へ)る　줄다		減れば	
滑(すべ)る　미끄러지다	滑れる	滑れば	滑ろう

◆ 동사의 정중체, 반말체 연습(1)

시제	정중체	반말체
현재	ます	기본형
부정	ません	ない형
과거	ました	た형
과거부정	ませんでした	なかった형

정중체	반말체	정중체	반말체
飲(の)みます	飲(の)む	見(み)ます	見(み)る
飲(の)みません	飲(の)まない	見(み)ません	見(み)ない
飲(の)みました	飲(の)んだ	見(み)ました	見(み)た
飲(の)みませんでした	飲(の)まなかった	見(み)ませんでした	見(み)なかった
困(こま)る	곤란하다	触(さわ)る	만지다
辞(や)める	그만두다	急(いそ)ぐ	서두르다
出(で)る	나가다	もらう	받다
来(く)る	오다	する	하다

◆ 동사의 활용연습(1)

원형	의미	ます형	て형	ない형
	마시다			
	먹다			
	돌아가다			
	열다			
	들다			
	듣다			
	쉬다			
	하다			
	오다			
	놀다			
	만들다			
	쓰다			
	피우다			
	이야기하다			
	들어가다			
	자르다			
	가다			
	사다			
	읽다			
	타다			
	만나다			
	공부하다			

◆ 작문연습1

이 레스토랑은 맛있고 쌉니다.(レストラン)

다나카씨는 예쁘고 머리가 좋습니다.(頭(あたま)がいい)

선생님은 무엇을 하고 있습니까?

일본어를 가르치고 있습니다.

김씨는 커피를 마시고 있습니다.

다나카씨는 책을 읽고 있습니다.

스즈키씨의 방은 깨끗하고 넓습니다.

잠시 기다려 주세요. 커피를 사고 있습니다.

요시다씨는 담배를 피우고 있고, 스즈키씨는 책을 읽고 있고, 야마다씨는 음악을 듣고 있습니다.

엄마는 주스를 사고 있습니다.

여동생은 친구를 기다리고 있습니다.

새 휴대폰을 사 주세요.

이 가방은 싸고 가볍습니다.

이 구두는 편리하지만 비쌉니다.

이 공원은 조용하고 좋군요.

그 술은 맛있지만, 비쌉니다. 그 술은 맛있고 쌉니다.

이 가방은 무겁고 비쌉니다.

잠시 쉬어도 됩니까?

지금 무엇을 하고 있습니까? 점심을 먹고 있습니다.

나는 매일 우유를 마시고 있습니다.

결혼했습니까? 예, 했습니다.

어디에 살고 있습니까? 강남에 살고 있습니다.

◆ た形(けい)・たり形(けい)・たら形(けい)

<table>
<tr><th colspan="2">품사</th><th>た形(けい)、たり形(けい)、たら形(けい)</th></tr>
<tr><td colspan="2">名詞(めいし)
な形容詞(けいようし)</td><td>だった、だったり、だったら</td></tr>
<tr><td colspan="2">い形容詞(けいようし)</td><td>い 를 빼고 かった、かったり、かったら
(★いい⇒よかった、よかったり、よかったら)</td></tr>
<tr><td colspan="3">動詞(どうし)</td></tr>
<tr><td colspan="2">1グループ</td><td>う、つ、る⇒った、ったり、ったら
ぬ、む、ぶ⇒んだ、んだり、んだら
く⇒いた、いたり、いたら / ぐ⇒いだ、いだり、いだら
す⇒した、したり、したら
例外(れいがい)＞ 行く⇒行った、いったり、いったら</td></tr>
<tr><td colspan="2">2グループ</td><td>る 를 빼고 た、たり、たら</td></tr>
<tr><td rowspan="2">3グループ</td><td>する</td><td>した、したり、したら</td></tr>
<tr><td>来(く)る</td><td>来(き)た、来(き)たり、来(き)たら</td></tr>
</table>

動詞(どうし)	た形(けい)	たり形(けい)	たら形(けい)
会(あ)う			
借(か)りる			
遊(あそ)ぶ			
置(お)く			
立(た)つ			
座(すわ)る			
教(おし)える			
する			
来(く)る			
飛(と)ぶ			
見(み)える			
忘(わす)れる			
習(なら)う			
開(あ)ける			
閉(し)める			
切(き)る			
くれる			
あげる			
もらう			
決(き)める			

◆ 可能形(かのうけい)

<table>
<tr><th>유형</th><th colspan="2">동사 종류</th><th>활 용</th></tr>
<tr><td>①</td><td colspan="2">모든 동사</td><td>원형 + ことができる</td></tr>
<tr><td rowspan="4">②</td><td colspan="2">1그룹 동사</td><td>う단 ⇒ え단 + る</td></tr>
<tr><td colspan="2">2그룹 동사</td><td>る를 떼고 られる</td></tr>
<tr><td rowspan="2">3그룹동사</td><td>来(く)る</td><td>来(こ)られる</td></tr>
<tr><td>する</td><td>できる</td></tr>
</table>

원형	가능형	정중형	부정형	ことができる
買(か)う	買(か)える	買(か)えます	買(か)えません	買(か)うことができる
帰(かえ)る				
行(い)く				
する				
くる				
入(はい)る				
寝(ね)る				
乗(の)る				
飲(の)む				
聞(き)く				
押(お)す				
握(にぎ)る				
使(つか)う				
急(いそ)ぐ				
持(も)つ				
呼(よ)ぶ				
もらう				

◆ 意志形(いしけい)

동사 종류		활용
1그룹 동사		う단 ⇒ お단 ＋ う
2그룹 동사		る를 떼고 よう
3그룹동사	来(く)る	来(こ)よう
	する	しよう

의미	원형	ましょう형	의지형
사용하다	使(つか)う	使(つか)いましょう	使(つか)おう
먹다	食(た)べる		
마시다	飲(の)む		
입다	着(き)る		
부르다	呼(よ)ぶ		
걷다	歩(ある)く		
달리다	走(はし)る		
웃다	笑(わら)う		
들어가다	入(はい)る		
열다	開(あ)ける		
닫다	閉(し)める		
가르치다	教(おし)える		
자르다	切(き)る		
만들다	作(つく)る		
씻다	洗(あら)う		
찍다	撮(と)る		
당기다	引(ひ)く		
수영하다	泳(およ)ぐ		
하다	する		
오다	来(く)る		

◆ 문형익히기

ます形＋	ませんか。 (~하지 않겠습니까?) ましょう。(~합시다) ましょうか。 (~합시다) たいです。 (~하고 싶습니다) に(~하러) ながら(~하면서) かた(~하는 법) すぎる(너무~하다) やすい(~하기 쉽다) にくい(~하기 어렵다) なさい(~하시오) つづける(계속~하다) だす(갑자기~하기 시작하다) はじめる(~하기 시작하다) おわる(~가 끝나다) きる, きれる (완전히~하다, 전부~하다/할 수 있다)

て形＋	ています(~하고 있습니다) てください(~해 주세요) てから(~하고 나서) てもいいです(~해도 좋습니다) てはいけません(~해서는 안 됩니다) てもかまいません(~해도 상관 없습니다) ておく (~해 두다)

た形＋	たことがあります(~한 적이 있습니다) たほうがいいです(~하는 편이 좋습니다) たあとで(~한 후에)

ない形＋	ないでください(~하지 말아주세요) なければなりません(~하지 않으면 안 됩니다) なくてもいいです(~하지 않아도 됩니다) ずに(~하지 않고)

◆ 연습문제

<table>
<tr><td colspan="8">1. すみません。このパソコンの（　　　）を教えてください。</td></tr>
<tr><td>1</td><td>使う</td><td>2</td><td>使った</td><td>3</td><td>使い</td><td>4</td><td>使って</td></tr>
<tr><td colspan="8">2. 5年間英語を習い（　　　）います。</td></tr>
<tr><td>1</td><td>だして</td><td>2</td><td>はじめて</td><td>3</td><td>おわって</td><td>4</td><td>つづけて</td></tr>
<tr><td colspan="8">3. 赤ちゃんは私を見て急に泣き（　　　）。</td></tr>
<tr><td>1</td><td>だした</td><td>2</td><td>はじめた</td><td>3</td><td>つづいた</td><td>4</td><td>ついた</td></tr>
<tr><td colspan="8">4. 本を（　　　）に図書館へ行きました。</td></tr>
<tr><td>1</td><td>借り</td><td>2</td><td>借りる</td><td>3</td><td>出す</td><td>4</td><td>読む</td></tr>
<tr><td colspan="8">5. お酒を飲み（　　　）頭が痛いです。</td></tr>
<tr><td>1</td><td>つづく</td><td>2</td><td>だして</td><td>3</td><td>すぎる</td><td>4</td><td>すぎて</td></tr>
<tr><td colspan="8">6. これ全部食べ（　　　）。</td></tr>
<tr><td>1</td><td>すぎますか</td><td>2</td><td>きれますか</td><td>3</td><td>だしません</td><td>4</td><td>しまいます</td></tr>
<tr><td colspan="8">7. この肉はかたくて（　　　）にくいです。</td></tr>
<tr><td>1</td><td>たべる</td><td>2</td><td>たべた</td><td>3</td><td>たべて</td><td>4</td><td>たべ</td></tr>
<tr><td colspan="8">8. めがねを（　　　）まま、寝てしまいました。</td></tr>
<tr><td>1</td><td>かけて</td><td>2</td><td>かけた</td><td>3</td><td>かけ</td><td>4</td><td>かける</td></tr>
<tr><td colspan="8">9. さっきここでコーヒーを（　　　）人は誰ですか。</td></tr>
<tr><td>1</td><td>飲んだ</td><td>2</td><td>飲んでいる</td><td>3</td><td>飲んでいた</td><td>4</td><td>飲む</td></tr>
<tr><td colspan="8">10. このかばんは安いですから、捨てても（　　　）</td></tr>
<tr><td>1</td><td>かまいません</td><td>2</td><td>かまいます</td><td>3</td><td>かまいました</td><td>4</td><td>かまいましょう</td></tr>
<tr><td colspan="8">11. 頭が痛いですから、早く家へ（　　　）ほうがいいです。</td></tr>
<tr><td>1</td><td>帰って</td><td>2</td><td>帰り</td><td>3</td><td>帰る</td><td>4</td><td>帰った</td></tr>
<tr><td colspan="8">12. お酒を飲んで運転（　　　）いけません。</td></tr>
<tr><td>1</td><td>する</td><td>2</td><td>しで</td><td>3</td><td>しては</td><td>4</td><td>し</td></tr>
<tr><td colspan="8">13. あまりたくさんお酒を（　　　）ほうがいいです。</td></tr>
<tr><td>1</td><td>飲んだ</td><td>2</td><td>飲まない</td><td>3</td><td>飲んで</td><td>4</td><td>飲み</td></tr>
<tr><td colspan="8">14. 勉強（　　　）ずに寝てしまいました。</td></tr>
<tr><td>1</td><td>し</td><td>2</td><td>さ</td><td>3</td><td>せ</td><td>4</td><td>そ</td></tr>
<tr><td colspan="8">15. 寝る前には顔を（　　　）なければなりません。</td></tr>
<tr><td>1</td><td>洗い</td><td>2</td><td>洗う</td><td>3</td><td>洗わ</td><td>4</td><td>洗って</td></tr>
</table>

◆ 작문연습2

일본에 가본 적이 있습니까? 아니요. 가본 적이 없습니다.
예, 한번 가본 적이 있습니다.
캐나다에 가본 적이 있습니까? 예, 가본 적이 있습니다.
어땠습니까?
스키야끼를 먹어본 적이 있습니까? 예, 먹어 본적이 있습니다.
스키야끼를 좋아합니다.
일본 영화를 본 적이 있습니까? 아니요. 일본 영화는 본 적이 없습니다.
예 일본 영화를 본 적이 있습니다. 어떤 영화였습니까?
러브레터입니다. 매우 감동적이었습니다.
니혼슈(정종류의 술)를 마셔본 적이 있습니까?
예, 마셔본 적이 있습니다. 하지만 니혼슈는 별로 좋아하지 않습니다.
일본 술중에 어떤 것을 좋아합니까? 감자소주를 좋아합니다.
부산에 가 본 적이 있습니까? 예 가 본 적이 있습니다.
부산은 어디가 유명합니까? 음식은 무엇이 유명합니까?
연예인을 만난 적 이 있습니까? 네 ~를 만난 적이 있습니다.
연예인 중에 누구를 가장 좋아합니까? ~를 가장 좋아합니다.
과일 중에 무엇을 가장 좋아합니까?
음식 중에 무엇을 가장 좋아합니까?
음료 중에 무엇을 가장 좋아합니까?
스포츠 중에 무엇을 가장 좋아합니까?
계절 중에 언제를 가장 좋아합니까?
삼청동에 가본 적이 있습니까?
삼청동은 여기에서 어떻게 갑니까? 지하철 3호선을 타고 안국역에 내려주세요. 안국역에서 걸어가시면 됩니다.
대학로는 어떤 곳입니까? 대학생들의 거리입니다.
스시를 좋아합니까? 일본에서 초밥은 어디가 가장 맛있습니까?
시부야를 가본 적이 있습니까? 시부야에 있는 109에 가본 적이 있습니까?
아니요. 109는 가본 적이 없습니다.
말고기를 먹어본 적이 있습니까? 예, 먹어본 적이 있습니다.
어디에서 먹어보았습니까? 제주도에서 먹어보았습니다.
일본 온천에 가본 적이 있습니까?
병원에 입원한 적이 있습니까? 아니오, 없습니다.

◆ 自動詞(じどうし)·他動詞(たどうし)

자동사	의미	타동사	의미
開(あ)く	열리다	開(あ)ける	열다
付(つ)く	켜지다	付(つ)ける	켜다
閉(し)まる	닫히다	閉(し)める	닫다
止(と)まる	멈추다	止(と)める	세우다
始(はじ)まる	시작되다	始(はじ)める	시작하다
集(あつ)まる	모이다	集(あつ)める	모으다
掛(か)かる	잠기다	掛(か)ける	잠그다
決(き)まる	결정되다	決(き)める	결정하다
並(なら)ぶ	늘어서다	並(なら)べる	나란히 하다
終(お)わる	끝나다	終(お)える	끝내다
変(か)わる	바뀌다	変(か)える	바꾸다
暖(あたた)まる	따뜻해지다	暖(あたた)める	따뜻하게 하다
乗(の)る	타다	乗(の)せる	태우다
消(き)える	꺼지다	消(け)す	끄다
壊(こわ)れる	부서지다	壊(こわ)す	부수다
治(なお)る	낫다	治(なお)す	고치다
落(お)ちる	떨어지다	落(お)とす	떨어뜨리다
起(お)きる	일어나다	起(お)こす	깨우다
出(で)る	나오다	出(だ)す	꺼내다
割(わ)れる	깨지다	割(わ)る	깨다
入(はい)る	들어가다	入(い)れる	넣다

◆ 自動詞(じどうし)・他動詞(たどうし)の練習(れんしゅう)

자동사	자동사+ています	타동사	타동사+てあります
開(あ)く	窓(まど)が	開(あ)ける	窓(まど)が
付(つ)く	電気(でんき)が	付(つ)ける	電気(でんき)が
閉(し)まる	ドアが	閉(し)める	ドアが
止(と)まる	車(くるま)が	止(と)める	車(くるま)が
始(はじ)める	授業(じゅぎょう)が	始(はじ)める	授業(じゅぎょう)が
集(あつ)まる	学生(がくせい)が	集(あつ)める	学生(がくせい)が
かかる	鍵(かぎ)が	かける	鍵(かぎ)が
並(なら)ぶ	机(つくえ)が	並(なら)べる	机(つくえ)が
終(お)わる	会議(かいぎ)が	終(お)える	会議(かいぎ)が
閉(し)まる	ドアが	閉(し)める	ドアが
冷(ひ)える	ビルが	冷(ひ)やす	ビルが

◆ やりもらい

의미	보통체	의미	정중체
주다 나⇒남	あげる あげました	드리다	さしあげる さしあげました
주다 남⇒나	くれる くれました	주시다	くださる くださいました
받다	もらう もらいました	(~께)받다	いただく いただきました

*특수활용 5단동사 (ます형을 만들 때 り가 아니라 い로 변화하는 동사)

<table>
<tr><td rowspan="2">ござる</td><td rowspan="2">ございます</td><td rowspan="3">おっしゃる</td><td rowspan="3">おっしゃいます</td></tr>
<tr></tr>
<tr><td rowspan="2">なさる</td><td rowspan="2">なさいます</td></tr>
<tr><td rowspan="3">いらっしゃる</td><td rowspan="3">いらっしゃいます</td></tr>
<tr><td rowspan="2">くださる</td><td rowspan="2">くださいます</td></tr>
<tr></tr>
</table>

◆ 작문연습3

나는 친구에게 책을 주었습니다.

이 가방은 엄마가 준 것입니다.

다나카씨는 요시다씨에게 책을 받았습니다. (田中・吉田)

나는 여자친구에게 꽃을 사주었습니다.

여자친구는 나에게 초콜릿을 사주었습니다. (チョコレート)

여자친구는 나에게 케이크 들어 주었습니다. (ケーキ)

존씨는 나에게 영어를 가르쳐 주었습니다. (ジョン)

나는 선생님께 꽃을 드릴 예정입니다.

이것은 야마다 선생님께서 주신 책입니다.

이 사전은 야마다 선생님께 받은 것입니다.

다나카씨는 내 여동생에게 시계를 사주었습니다. (妹)

조금 조용히 해 주시겠습니까?

창문을 닫아 주시겠습니까?

좀 전화를 빌려주시겠습니까? (貸す)

그 우산 멋지군요. 누구에게 받았습니까? (傘・すてきだ)

◆ 仮定形(かていけい)

유형	품사	활용	유형	품사	활용
と	명사	だ + と	たら	명사	だ⇒だったら
	형용사	기본형 + と		형용사	い⇒かったら
	な형용사	기본형 + と		な형용사	だ⇒だったら
	동사	기본형 + と		동사	て형에서 て대신 たら
유형	**품사**	**활용**	**유형**	**품사**	**활용**
ば	명사	명사 + ならば	なら	명사	명사 + なら
	형용사	い⇒ければ		형용사	기본형 + なら
	な형용사	だ⇒ならば		な형용사	어간 + なら
	1그룹동사	う단⇒え단+ば		동사	기본형 + なら
	2그룹동사	어간 + れば			
	3그룹くる	くれば			
	3그룹する	すれば			

동사	사전형	と	ば	たら	なら
読(よ)む					
書(か)く					
降(ふ)る					
くる					
する					
見(み)る					
教(おし)える					
押(お)す					
終(お)わる					
なる					

◆ 동사의 활용연습(2)

ます형	원형	가능형	의지형	가정형
会(あ)います				
寝(ね)ます				
切(き)ります				
話(はな)します				
待(ま)ちます				
起(お)きます				
教(おし)えます				
急(いそ)ぎます				
飛(と)びます				
使(つか)います				
帰(かえ)ります				
見(み)ます				
遊(あそ)びます				
行(い)きます				
来(き)ます				
入(はい)ります				
聞(き)きます				
死(し)にます				
降(お)ります				
読(よ)みます				
します				
走(はし)ります				

◆ 작문연습4

자주 커피를 마십니까? 아니오. 가끔 마십니다. (コーヒー)
자주 운동을 합니까? 예 매일 운동을 합니다. (運動)
자주 스시를 먹습니까? 아니오. 전혀 먹지 않습니다.
자주 친구를 만납니까? 예 자주 친구를 만납니다.
자주 편지를 씁니까? 가끔 편지를 씁니다. (手紙)
자주 가라오케에 갑니까? 가끔 갑니다. (カラオケ)
한 달에 두 번 정도 갑니다. 일 년에 한 번 정도 갑니다.
자주 영화를 봅니까? 예 일주일에 한두 번 영화를 봅니다. (映画)
자주 쇼핑을 합니까? (買い物)
아니오 전혀 쇼핑을 하지 않습니다. 저는 걷는 것을 싫어합니다.
자주 일본에 갑니까? 일 년에 한 번 일본에 갑니다. 세 달에 한 번 갑니다.
일주일에 한 번 갑니다.
자주 목욕을 합니까? (お風呂にはいる)
가끔 목욕을 합니다. 일주일에 한 번 정도 목욕을 합니다.
자주 게임을 합니까? 전혀 게임을 하지 않습니다. (ゲーム)
자주 제주도에 갑니까? 가끔 제주도에 갑니다. (チェジュド)
자주 데이트를 합니까? 가끔 데이트를 합니다. (デート)
자주 골프를 칩니까? 예. 자주 골프를 칩니다. (ゴルフ)
자주 인터넷을 합니까? 예 매일 인터넷을 합니다. (インターネット)
매일 아침을 먹습니까? 아니오. 전혀 아침을 먹지 않습니다.
매일 공부를 합니까? 가끔 공부를 합니다. (勉強)
매일 드라마를 봅니까? 예. 매일 드라마를 봅니다. (ドラマ)
매일 운동을 합니까? 예. 매일 운동을 합니다.
자주 드라이브를 합니까? 예. 가끔 드라이브를 합니다. (ドライブ)
드라마를 좋아합니까? 예. 매우 좋아합니다.
최근에 보고 있는 드라마는 무엇입니까? (最近みている)
자주 여행을 갑니까? (旅行)
예. 자주 여행을 갑니다. 여행을 좋아합니까? 예. 매우 좋아합니다.
매일아침 밥을 먹습니까? 아니오. 매일아침 밥을 먹지는 않습니다.
일주일에 세 번 정도 밥을 먹습니다.
자주 술을 마십니까? 네. 자주 술을 마십니다. (お酒)
일주일에 세 번 정도 술을 마십니다.
매일 신문을 봅니까? 가끔 봅니다.

◆ 受身、使役、使役受身(1)

동사의 종류		受身(うけみ) (당하다)	使役(しえき) (시키다/~하게하다)	使役受身(しえきうけみ) (어쩔 수 없이~하다)
1그룹 동사		あ段(だん) + れる ★예외(う ⇒ われる)	あ段(だん) + せる ★예외(う ⇒ わせる)	あ段(だん) + せられる あ段(だん) + される (す로 끝나는 동사 제외) ★예외(う⇒わせられる)
2그룹 동사		る를 빼고 られる	る를 빼고 させる	る를 빼고 させられる
3그룹 동사	くる	こられる	こさせる	こさせられる
	する	される(당하다)	させる	させられる

동사	의미	수동형	수동의미
言(い)う	말하다	言(い)われる	듣다
思(おも)う	생각하다		
選(えら)ぶ	선택하다		
呼(よ)ぶ	부르다		
叱(しか)る	꾸짖다		
誉(ほ)める	칭찬하다		
頼(たの)む	부탁하다		
子供(こども)が泣(な)く	아이가 울다		
父(ちち)が死(し)ぬ	아버지가 돌아가시다		
雨(あめ)が降(ふ)る	비가 내리다		
友達(ともだち)が来(く)る	친구가 오다		

◆ 受身、使役、使役受身(2)

동사	수동형	사역형	사역수동형
言(い)う	言(い)われる	言(い)わせる	言(い)わせられる
使(つか)う			
走(はし)る			
待(ま)つ			
歌(うた)う			
作(つく)る			
動(うご)く			
読(よ)む			
泣(な)く			
笑(わら)う			
掃除(そうじ)する			
食(た)べる			
持(も)つ			
寝(ね)る			
休(やす)む			
知(し)る			
買(か)う			
踊(おど)る			
習(なら)う			

◆ 경어1

보통어	존경어	겸양어
食(た)べます 飲(の)みます	召(め)し上(あ)がります	いただきます
行(い)きます 来(き)ます	いらっしゃいます おいでになります	まいります
います	いらっしゃいます おいでになります	おります
見(み)ます	ご覧(らん)になります	拝見(はいけん)します
言(い)います	おっしゃいます	申(もう)します
します	なさいます	いたします
知(し)っています 知(し)りません	ご存(ぞん)じです ご存(ぞん)じではありません	存(ぞん)じております 存(ぞん)じません
くれます	くださいます	
もらいます		いただきます
あげます		さしあげます
訪(たず)ねます 聞(き)きます	お訪(たず)ねになります	うかがいます
寝(ね)ます	お休(やす)みになります	やすみます
会(あ)います		お目(め)にかかります
死(し)にます	お亡(な)くなりになります	亡(な)くなります

◆ 경어2

尊敬語(そんけいご)	謙譲語(けんじょうご)
●お＋동사의ます形+になる	◇お＋동사의ます形+する(いたす)
この本(ほん)はお読(よ)みになりましたか。	この荷物(にもつ)は私(わたし)がお持(も)ちします。
いつお帰(かえ)りになりますか。	明日(あす)までにお返(かえ)しします。
先生(せんせい)はすぐにお戻(もど)りになりますか。	先生(せんせい)にお聞(き)きしたいことがあります。
この絵(え)は田中先生(たなかせんせい)がおかきになりました。	お願(ねが)い致(いた)します。

●れる、られる	◇~させていただく
先生(せんせい)は明日(あす)日本(にほん)に行(い)かれます。	明日(あす)休(やす)ませていただきます。
先生はいつ帰(かえ)られますか。	お先(さき)に帰(かえ)らせていただきます。
どう思(おも)われますか。	行(い)かせていただきます。

尊敬語(そんけいご)	謙譲語(けんじょうご)
●ご＋한자어+になる(なさる)	◇ご＋한자어+する(いたす)
ご出席(しゅっせき)になりますか。	ご紹介(しょうかい)いたします。
ご訪問(ほうもん)なさいました。	ご案内(あんない)します。
ご経験(けいけん)なさいました。	ご用意(ようい)いたします。
ご説明(せつめい)なさった。	ご説明(せつめい)します。

●ご＋名詞(めいし)＋ください	◇お＋동사의ます形+ください
ご連絡(れんらく)ください。	少々(しょうしょう)お待(ま)ちください。
ご相談(そうだん)ください。	お読(よ)みください。
ご来店(らいてん)ください。	お使(つか)いください。

★ 동사 단어시험1 ★

가다		사다		쓰다		만나다	
보다		내리다 (눈,비)		수영하다		노래부르다	
읽다		웃다		일어나다		듣다	
자다		타다		열다		먹다	
피우다		마시다		가르치다		씻다	
찍다		굽다		입다		이야기하다	
지우다		돌아가다		자르다		쥐다,잡다	
버리다		늘어서다		울다		마르다	
살찌다		화내다		꾸짖다		불다	
닦다		걷다		도망치다		신다	
벗다		건너다		부수다		날다	
쓰러지다		늘어놓다		빌다		이기다	
춤추다		운반하다		세우다		맑다	
취하다		돌리다		치다		던지다	
미끄러지다		닦다		떨어지다		줍다	
밟다		씹다		목욕하다		앉다	
달리다		줄다, 감소하다		늘다 증가하다		죽다	
기다리다		팔다		늦다		잡다	
서다		쉬다		내리다 교통수단		생각하다	
만들다		부르다		두다		외우다	
고르다		재다		끓이다		삶다	
볶다		떨다		그치다		오르다	
보내다		그리다		주다,하다		주다	
일하다		구하다		지키다		한턱내다	

★ 동사 단어시험2 ★

떠들다		커피를 타다		전화를 받다		방을 나가다	
레포트를 내다		쓰레기를 내다		편지를 쓰다		용변을 보다	
흐리다		끝나다		받다		누르다	
밀다 누르다		손을 뻗다		(병이)낫다		껌을 씹다	
코를 풀다		두드리다		칭찬하다		개에게 물리다	
차에 치이다		기타를 치다		피아노를 치다		트렁크를 끌다	
접시가 깨지다		서두르다		맞다 적중하다		지불하다	
웅크리고 앉다		~를 닮다		벗다		높이 솟다 치솟다	
만지다 접촉하다		내려가다		올라가다		곤란하다	
말리다		시간이 걸리다		행하다 실시하다		괴롭히다	
물을 끓이다		흔들리다		회사를 그만두다		담배를 끊다	
드시다		이사하다		남기다		고치다	
전하다		붐비다		변하다		다림질을 하다	
안경을 쓰다		옷걸이를 걸다		전화를 걸다		깨우다	
샤워를 하다		되돌다가다		술을 계속마시다		노래를 부르다	
시험을 보다		사과하다 사죄하다		시간에 맞추다		반창고를 붙이다	
차가 멈추다		돈이 충분하다		길을 묻다		여관에 묵다	
듣다,묻다		헬스장에 다니다		조사하다		책을 돌려주다	
생각나다		베끼다		사람이 모이다		지갑을 잃어버리다	
여권을 잊어버리다		보이다		바람이 불다		휴대폰을 사용하다	
살다		지나가다		아이가 태어나다		배우다	
빌리다		여권이 필요하다		집을 세우다		피곤하다	
데리고 가다		잠들다		갈아타다		빛나다	
택시를 잡다		오른쪽으로 돌다		보여주다		젓다	

★ 동사 단어시험3 / い형용사 단어시험1 ★

분실하다		바꾸다 교환하다		보내다 신고하다		김치를 담그다	
부탁하다		나아가다		결정하다		분발하다 노력하다	
접다 종이접기		심다		마음이 맞다		훔치다	
전화가 울리다		돕다 거들다		낚다 잡다		기르다 양육하다	
소리가 나다		냄새가 나다		테니스를 치다		감기에 걸리다	
먹고싶어 하다		꽃이 피다		전철을 내리다		시합에 이기다	
아이를 낳다		왼쪽으로 돌다		스토브를 켜다		걱정하다	
앉다		전화에 잠이깨다		운전할수있다		이상한냄새 가나다	
꿈을 꾸다		이를 닦다		우표를 붙이다		모자를 쓰다	
자켓을 입다		바지를 입다		열이 나다		차가 고장나다	
손이 더러워지다		토할것 같다		기침이 나다		완쾌하세요	
여행을 가다		조용한 거리		번화한 곳		책을 빌리러가다	
い형용사 단어시험1							
맛있다		맛없다		새롭다 새것이다		낡다 오래되다	
비싸다		싸다		크다		작다	
덥다		춥다		뜨겁다		차갑다	
크다		작다		재미없다		재미있다	
밝다		어둡다		넓다		좁다	
멀다		가깝다		어렵다		쉽다	
길다		짧다		많다		적다	
이상하다		빠르다		늦다		이르다	
둥글다		무겁다		가볍다		단단하다	
부드럽다		작다,잘다		무섭다		즐겁다	
강하다		약하다		미지근하다		졸립다	
심하다		뚱뚱하다		가늘다 마르다		갖고싶다	

★ い형용사 단어시험2 ★

둥글다		네모지다		드물다 희귀하다		혼화하다 상냥하다	
젊다		좋다		나쁘다		얕다	
깊다		두껍다		얇다		위험하다	
아프다		아름답다		시끄럽다		빨갛다	
파랗다		바쁘다		얕다		따뜻하다	
두껍다		달다		수상하다		거칠다	
용감하다		연하다 담백하다		어둑하다 침침하다		잘한다	
부럽다		시끄럽다		기쁘다		훌륭하다	
이상하다		어리다		아깝다		경사스럽다	
묵직하다 둔하다		슬프다		귀엽다		노랗다	
꼭 끼다 빽빽하다		엄하다		역한냄새가 나다		시시하다 하찮다	
분하다 억울하다		더럽다		고통스럽 다 괴롭다		냅다 거북하다	
험하다		그립다		외롭다 적적하다		시끄럽다 소란스럽 다	
짜다		네모지다		집요하다 끈덕지다		뻔뻔스럽다 낯두껍다	
훌륭하다		교활하다약 삭빠르다		시끄럽다 어수선하다		바르다 맞다.옳다	
즐겁다		~에 틀림없다		힘차다 강력하다		갈색이다	
강하다		멀다		없다		쓰다	
밉다 얄밉다		밉살스럽 다		무디다 둔하다		미지근하 다	
졸립다		느리다 무디다		시시하다 바보스럽다		심하다 격하다	
부끄럽다		매우심하다 대단하다		똑같다 동일하다		굵다 크다	
갖고싶다		가난하다		새하얗다		둥글다	
꼴불견이다 꼴사납다		추하다 보기흉하다		무덥다		경사스럽다	
몹시귀찮다		굉장하다 매우무섭다		시끄럽다		부드럽다 폭신하다	
느슨하다 헐렁하다		좋다 괜찮다		젊디젊다		나쁘다	

★ な형용사 단어시험 ★

좋아하다		싫어하다		잘하다 능숙하다		서투르다 어설프다	
예쁘다 깨끗하다		유명하다		조용하다		번화함 떠들썩함	
편리하다		불편하다		튼튼하다		중요함	
특기이다 숙달되다		서투르다		한가하다		번성하다 왕성하다	
간단하다		복잡하다		성실하다		병이다 질환이다	
특별하다		적당하다		이상하다		훌륭하다 뛰어나다	
친절하다		건강하다 활발하다		편안하다		안전하다	
번거롭다 귀찮다		행복하다		유감이다		매우멋지다 매우근사하다	
똑같다		온화하다		제멋대로 이다		텅비다	
반대이다 거꾸로이다		손재주가 있다 솜씨가좋다		품위가없다 천하다		중요하다	
다양하다		수수하다 검소하다		정직하다		고상하다 품위가있다	
심각하다		대단하다 힘들다		중요하다 소중하다		괜찮다	
못쓰게되다 불가능하다		무사태평하다 느긋하다		필요하다		불안하다	
부족하다		보통이다		따로따로 이다		이상하다	
드물다 많지 않다		만족하다		멋지다 뛰어나다		비참하다 참담하다	
형편없다 엉망진창이다		번거롭다 귀찮다		유쾌하다		난폭하다	

★ 명사 단어1 ★

案内	あんない	안내	間	あいだ	사이
安心	あんしん	안심	赤ん坊	あかんぼう	아기
安定	あんてい	안정	春　夏	はる　なつ	봄 여름
以下	いか	이하	秋　冬	あき　ふゆ	가을 겨울
以外	いがい	이외	味	あじ	맛
医学	いがく	의학	兄　姉	あに　あね	오빠 언니
意見	いけん	의견	池　石	いけ　いし	연못 돌
以後	いご	이후	岩　色	いわ　いろ	바위 색
意志	いし	의지	油	あぶら	기름
意識	いしき	의식	雨　飴	あめ　あめ	비 사탕
以上	いじょう	이상	牛	うし	소
以前	いぜん	이전	嘘	うそ	거짓말
一杯	いっぱい	한잔	後ろ　後	うしろ あと	뒤 후
一週間	いっしゅう かん	일주일	馬	うま	말
一緒	いっしょ	함께함	海	うみ	바다
移転	いてん	이전	駅	えき	역
意味	いみ	의미	売り場	うりば	매장
運転	うんてん	운전	絵	え	그림
運動	うんどう	운동	お菓子	おかし	과자
映画	えいが	영화	奥さん	おくさん	부인 아주머니
英語	えいご	영어	お酒	おさけ	술
遠慮	えんりょ	조심함, 삼감	お礼	おれい	사례인사 사례선물
屋上	おくじょう	옥상	お皿	おさら	접시
お茶	おちゃ	차	夫	おっと	남편

★ 명사 단어2 ★

音楽	おんがく	음악	弟	おとうと	남동생
海岸	かいがん	해안	妹	いもうと	여동생
会議	かいぎ	회의	男	おとこ	남자
外国	がいこく	외국	女	おんな	여자
会場	かいじょう	회장	大人	おとな	어른
会話	かいわ	회화	お兄さん	おにいさん	오빠, 형
科学	かがく	과학	お姉さん	おねえさん	언니,누나
歌手	かしゅ	가수	お風呂	おふろ	목욕탕
火事	かじ	화재,불	お見舞い	おみまい	병문안
家族	かぞく	가족	お土産	おみやげ	선물
家庭	かてい	가정	親	おや	부모
感覚	かんかく	감각	表	おもて	겉
関係	かんけい	관계	お湯	おゆ	더운물
漢字	かんじ	한자	買い物	かいもの	선물
感じ	かんじ	느낌	顔	かお	얼굴
関心	かんしん	관심	鏡	かがみ	거울
感動	かんどう	감동	鍵	かぎ	열쇠
完了	かんりょう	완료	数	かず	수
記憶	きおく	기억	風邪	かぜ	감기
季節	きせつ	계절	風	かぜ	바람
規則	きそく	규칙	形	かたち	모양
喫茶店	きっさてん	다방	お金	おかね	돈
切手	きって	우표	彼女	かのじょ	그녀
記入	きにゅう	기입	紙　神	かみ　かみ	종이 신

★ 명사 단어3 ★

気分	きぶん	기분	木	き	나무
急行	きゅうこう	급행	気持ち	きもち	기분
牛肉	ぎゅうにく	소고기	東　西	ひがし　にし	동 서
牛乳	ぎゅうにゅう	우유	南　北	みなみ　きた	남 북
教育	きょういく	교육	具合	ぐあい	상태,형편
兄弟	きょうだい	형제	草	くさ	풀
共同	きょうどう	공동	薬	くすり	약
興味	きょうみ	흥미	果物	くだもの	과일
去年	きょねん	작년	靴下	くつした	양말
銀行	ぎんこう	은행	国	くに	나라
近所	きんじょ	근처	雲	くも	구름
空港	くうこう	공항	車	くるま	차
計画	けいかく	계획	声	こえ	목소리
経験	けいけん	경험	心	こころ	마음
経済	けいざい	경제	今年	ことし	올해
景色	けしき	경치	言葉	ことば	말
結果	けっか	결과	子供	こども	아이
結婚	けっこん	결혼	米	こめ	쌀
玄関	げんかん	현관	坂	さか	언덕
研究	けんきゅう	연구	魚	さかな	생선
見物	けんぶつ	구경	先	さき	앞,끝
原因	げんいん	원인	仕事	しごと	일
健康	けんこう	건강	試合	しあい	시합
検査	けんさ	검사	塩	しお	소금

★ 명사 단어4 ★

公害	こうがい	공해	地震	じしん	지진
工業	こうぎょう	공업	質問	しつもん	질문
交差点	こうさてん	교차점	時代	じだい	시대
工事	こうじ	공사	自転車	じてんしゃ	자전거
紅茶	こうちゃ	홍차	市民	しみん	시민
交通	こうつう	교통	写真	しゃしん	사진
行動	こうどう	행동	邪魔	じゃま	방해
交番	こうばん	파출소	習慣	しゅうかん	습관
国際	こくさい	국제	住所	じゅうしょ	주소
故障	こしょう	고장	授業	じゅぎょう	수업
今月	こんげつ	이번 달	宿題	しゅくだい	숙제
混雑	こんざつ	혼잡	出席	しゅっせき	출석
今晩	こんばん	오늘 밤	主人	しゅじん	주인,가장
最近	さいきん	최근	正月	しょうがつ	정월
最後	さいご	최후	出発	しゅっぱつ	출발
最初	さいしょ	최초	招待	しょうたい	초대
作業	さぎょう	작업	消費	しょうひ	소비
作文	さくぶん	작문	商品	しょうひん	상품
差別	さべつ	차별	食堂	しょくどう	식당
参加	さんか	참가	処理	しょり	처리
司会	しかい	사회	資料	しりょう	자료
試験	しけん	시험	進学	しんがく	진학
事件	じけん	사건	人口	じんこう	인구
事故	じこ	사고	心配	しんぱい	걱정

★ 명사 단어5 ★

準備	じゅんび	준비	台風	たいふう	태풍
条件	じょうけん	조건	誕生日	たんじょうび	생일
正直	しょうじき	정직	暖房	だんぼう	난방
常識	じょうしき	상식	背	せ	키
情報	じょうほう	정보	世話	せわ	돌봄
水道	すいどう	수도	空	そら	하늘
性格	せいかく	성격	畳	たたみ	다다미
生活	せいかつ	생활	立場	たちば	입장
政治	せいじ	정치	建物	たてもの	건물
製作	せいさく	제작	地下鉄	ちかてつ	지하철
製品	せいひん	제품	地図	ちず	지도
西洋	せいよう	서양	中止	ちゅうし	중지
世界	せかい	세계	駐車	ちゅうしゃ	주차
説明	せつめい	설명	調査	ちょうさ	검사
洗濯	せんたく	세탁,빨래	通訳	つうやく	통역
相互	そうご	상호	天気	てんき	날씨
掃除	そうじ	청소	電車	でんしゃ	전철
相談	そうだん	상담	電話	でんわ	전화
卒業	そつぎょう	졸업	動作	どうさ	동작
尊敬	そんけい	존경	動物	どうぶつ	동물
退院	たいいん	퇴원	登山	とざん	등산
大使館	たいしかん	대사관	図書館	としょかん	도서관
台所	だいどころ	부엌	特急	とっきゅう	특급
代表	だいひょう	대표	努力	どりょく	노력

★ 명사 단어6 ★

手紙	てがみ	편지	場所	ばしょ	장소
出口	でぐち	출구	番組	ばんぐみ	프로그램
友達	ともだち	친구	光	ひかり	빛
通り	とおり	길,도로	昼	ひる	낮
鳥	とり	새	普通	ふつう	보통
納得	なっとく	납득	文化	ぶんか	문화
日記	にっき	일기	平和	へいわ	평화
入院	にゅういん	입원	平均	へいきん	평균
入場	にゅうじょう	입장	勉強	べんきょう	공부
人形	にんぎょう	인형	返事	へんじ	답장
熱	ねつ	열	弁当	べんとう	도시락
配達	はいたつ	배달	放送	ほうそう	방송
売店	ばいてん	매점	訪問	ほうもん	방문
発音	はつおん	발음	翻訳	ほんやく	번역
発見	はっけん	발견	毎週	まいしゅう	매주
発達	はったつ	발달	毎日	まいにち	매일
番号	ばんごう	번호	未来	みらい	미래
反対	はんたい	반대	豚肉	ぶたにく	돼지고기
病院	びょういん	병원	服	ふく	옷
表現	ひょうげん	표현	船	ふね	배
名前	なまえ	이름	部屋	へや	방
匂い	におい	냄새	右	みぎ	오른쪽
荷物	にもつ	짐	左	ひだり	왼쪽
値段	ねだん	가격	道	みち	길

★ 명사 단어7 ★

町	まち	마을	流行	りゅうこう	유행
湖	湖	호수	利用	りよう	이용
昔	むかし	옛날	両親	りょうしん	양친
店	みせ	가게	料理	りょうり	요리
息子	むすこ	아들	旅館	りょかん	여관
娘	むすめ	딸	旅行	りょこう	여행
目的	もくてき	목적	例外	れいがい	예외
問題	もんだい	문제	冷蔵庫	れいぞうこ	냉장고
約束	やくそく	약속	冷房	れいぼう	냉방
野菜	やさい	야채	歴史	れきし	역사
家賃	やちん	집세	練習	れんしゅう	연습
郵便局	ゆうびん きょく	우체국	連続	れんぞく	연족
輸出	ゆしゅつ	수출	連絡	れんらく	연락
輸入	ゆにゅう	수입	話題	わだい	화제
用意	ようい	준비	物語	ものがたり	이야기
用事	ようじ	볼일	八百屋	やおや	야채가게
様子	ようす	모습,모양	夕方	ゆうがた	저녁때
予習	よしゅう	예습	留守	るす	부재
予定	よてい	예정	割引	わりびき	할인
予約	よやく	예약	面接	めんせつ	면접
来週	らいしゅう	다음 주	方針	ほうしん	방침
理解	りかい	이해	貿易	ぼうえき	무역
理由	りゆう	이유	変更	へんこう	변경
留学	りゅうがく	유학	分野	ぶんや	분야

★ 명사 단어시험1 ★

案内			間		
安心			赤ん坊		
安定			春　夏		
以下			秋　冬		
以外			味		
医学			兄　姉		
意見			池　石		
以後			岩　色		
意志			油		
意識			雨　飴		
以上			牛		
以前			嘘		
一杯			後ろ　後		
一週間			馬		
一緒			海		
移転			駅		
意味			売り場		
運転			絵		
運動			お菓子		
映画			奥さん		
英語			お酒		
遠慮			お礼		
屋上			お皿		
お茶			夫		

★ 명사 단어시험2 ★

音楽			弟		
海岸			妹		
会議			男		
外国			女		
会場			大人		
会話			お兄さん		
科学			お姉さん		
歌手			お風呂		
火事			お見舞い		
家族			お土産		
家庭			親		
感覚			表		
関係			お湯		
漢字			買い物		
感じ			顔		
関心			鏡		
感動			鍵		
完了			数		
記憶			風邪		
季節			風		
規則			形		
喫茶店			お金		
切手			彼女		
記入			紙　神		

★ 명사 단어시험3 ★

気分			木		
急行			気持ち		
牛肉			東　西		
牛乳			南　北		
教育			具合		
兄弟			草		
共同			薬		
興味			果物		
去年			靴下		
銀行			国		
近所			雲		
空港			車		
計画			声		
経験			心		
経済			今年		
景色			言葉		
結果			子供		
結婚			米		
玄関			坂		
研究			魚		
見物			先		
原因			仕事		
健康			試合		
検査			塩		

★ 명사 단어시험4 ★

公害			地震		
工業			質問		
交差点			時代		
工事			自転車		
紅茶			市民		
交通			写真		
行動			邪魔		
交番			習慣		
国際			住所		
故障			授業		
今月			宿題		
混雑			出席		
今晩			主人		
最近			正月		
最後			出発		
最初			招待		
作業			消費		
作文			商品		
差別			食堂		
参加			処理		
司会			資料		
試験			進学		
事件			人口		
事故			心配		

★ 명사 단어시험5 ★

手紙			場所		
出口			番組		
友達			光		
通り			昼		
鳥			普通		
納得			文化		
日記			平和		
入院			平均		
入場			勉強		
人形			返事		
熱			弁当		
配達			放送		
売店			訪問		
発音			翻訳		
発見			毎週		
発達			毎日		
番号			未来		
反対			豚肉		
病院			服		
表現			船		
名前			部屋		
匂い			右		
荷物			左		
値段			道		

★ 명사 단어시험6 ★

町			流行		
湖			利用		
昔			両親		
店			料理		
息子			旅館		
娘			旅行		
目的			例外		
問題			冷蔵庫		
約束			冷房		
野菜			歴史		
家賃			練習		
郵便局			連続		
輸出			連絡		
輸入			話題		
用意			物語		
用事			八百屋		
様子			夕方		
予習			留守		
予定			割引		
予約			面接		
来週			方針		
理解			貿易		
理由			変更		
留学			分野		

★ 명사 단어시험7 ★

準備			台風		
条件			誕生日		
正直			暖房		
常識			背		
情報			世話		
水道			空		
性格			畳		
生活			立場		
政治			建物		
製作			地下鉄		
製品			地図		
西洋			中止		
世界			駐車		
説明			調査		
洗濯			通訳		
相互			天気		
掃除			電車		
相談			電話		
卒業			動作		
尊敬			動物		
退院			登山		
大使館			図書館		
台所			特急		
代表			努力		

N2 動詞(どうし)1

扇(あお)ぐ

諦(あきら)める

呆(あき)れる

空(あ)く

開(あ)く

開(あ)ける

あげる

上(あ)げる

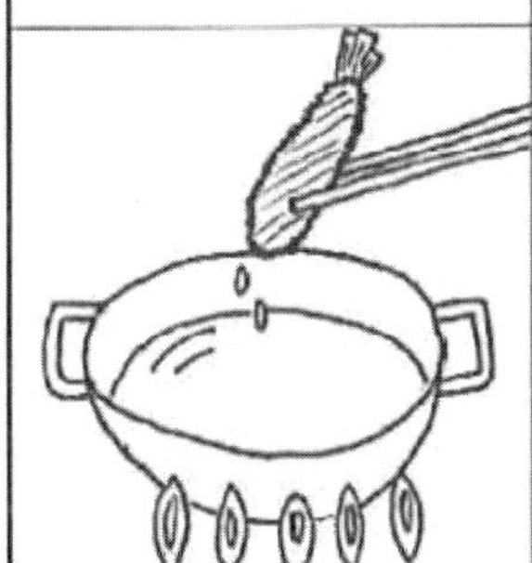

揚(あ)げる

揚(あ)げる

預(あず)かる

暖(あたた)まる

温(あたた)める

当(あ)たる

扱(あつか)う

集(あつ)まる

N2 動詞(どうし)2

集(あつ)める

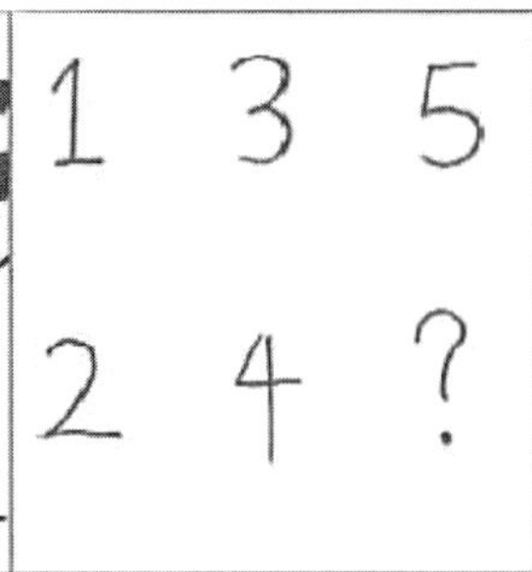

当(あ)てはまる

当(あ)てはめる

当(あ)てる

暴(あば)れる

浴(あ)びる

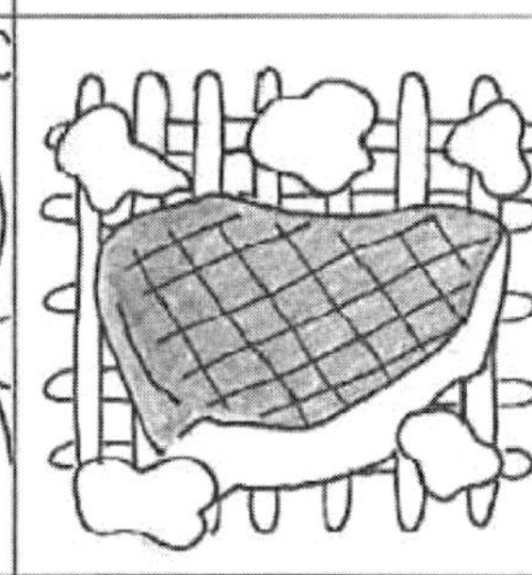

あぶる

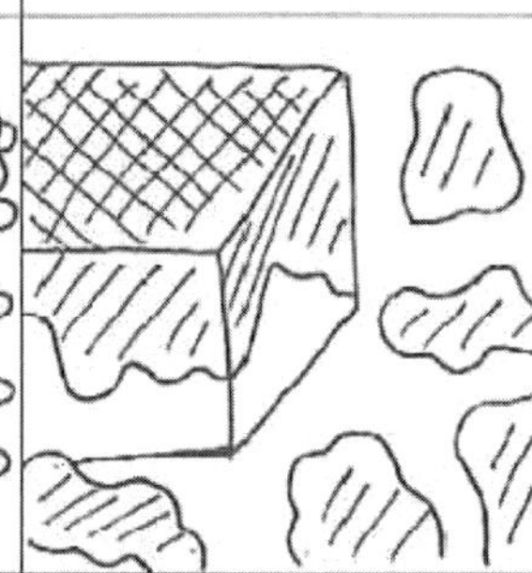

溢(あふ)れる

甘(あま)やかす

編(あ)む

謝(あやま)る

洗(あら)う

争(あらそ)う

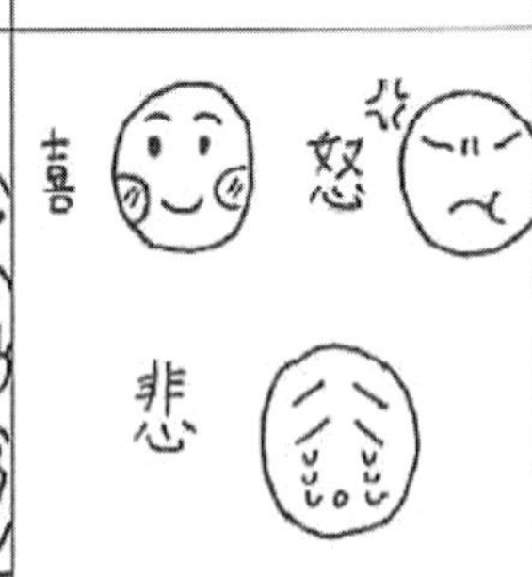

表(あらわ)す

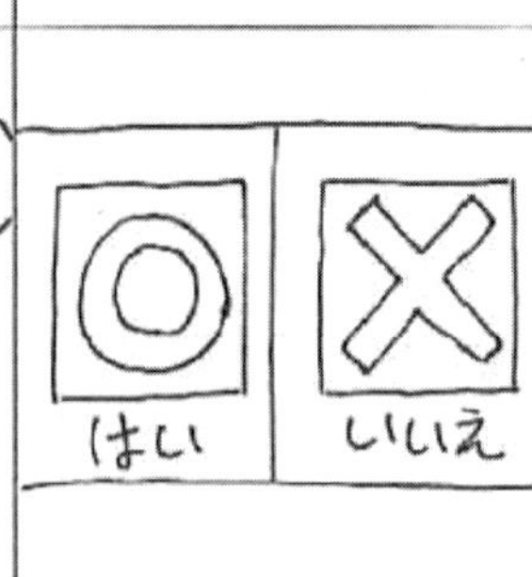

現(あらわ)す

現(あらわ)れる

N2 動詞(どうし)3

			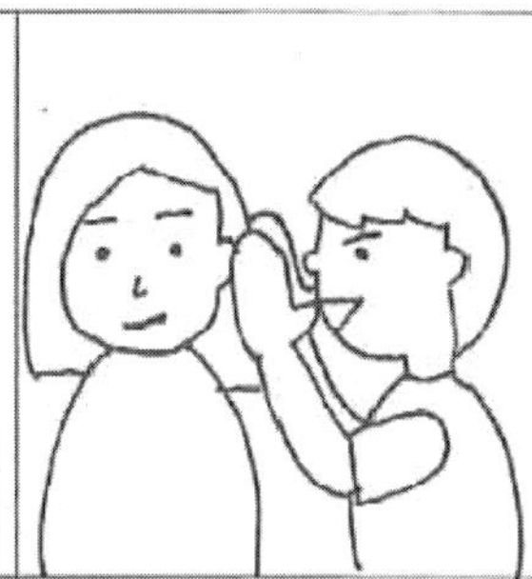
荒(あ)れる	合(あ)わせる	言(い)い出(だ)す	言(い)い付(つ)ける

生(い)きる	苛(いじ)める	頂(いただ)く	祈(いの)る

威張(いば)る	嫌(いや)がる	いらっしゃる	煎(い)る

祝(いわ)う	植(う)える	伺(うかが)う	浮(う)かぶ

N2 動詞(どうし)4

浮(う)かべる	承(うけたまわ)る	受(う)け取(と)る	動(うご)かす
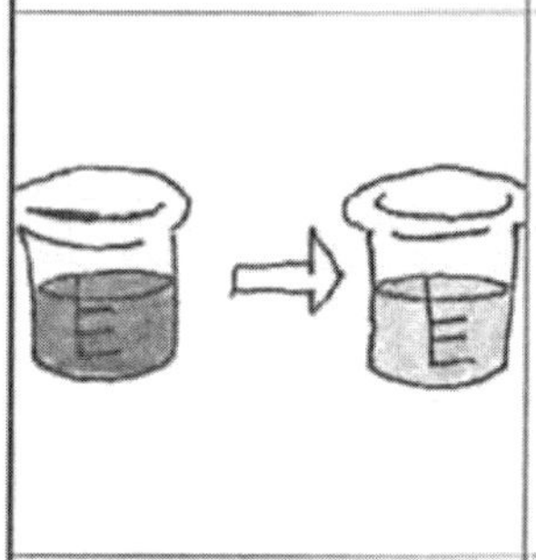			
薄(うす)める	疑(うたが)う	打(う)ち消(け)す	打(う)つ
	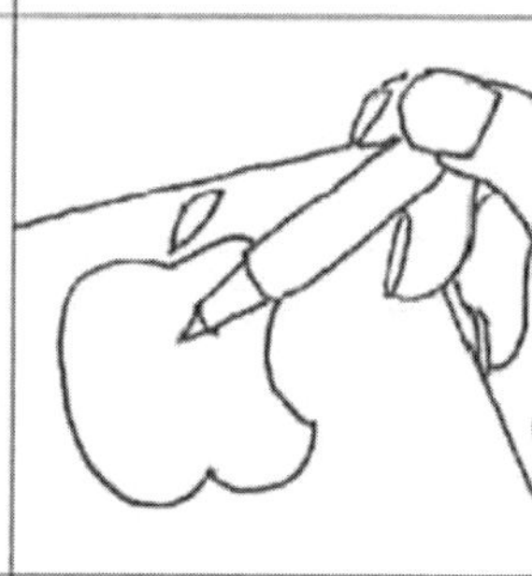		
撃(う)つ	写(うつ)す	映(うつ)す	移(うつ)す
		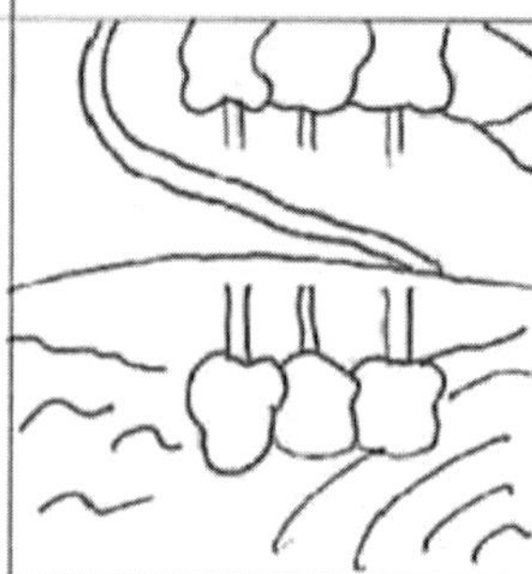	
訴(うった)える	写(うつ)る	映(うつ)る	移(うつ)る

N2 動詞(どうし)5

うなずく	うなる	奪(うば)う	生(う)まれる

埋(う)める	敬(うやま)う	占(うらな)う	恨(うら)む
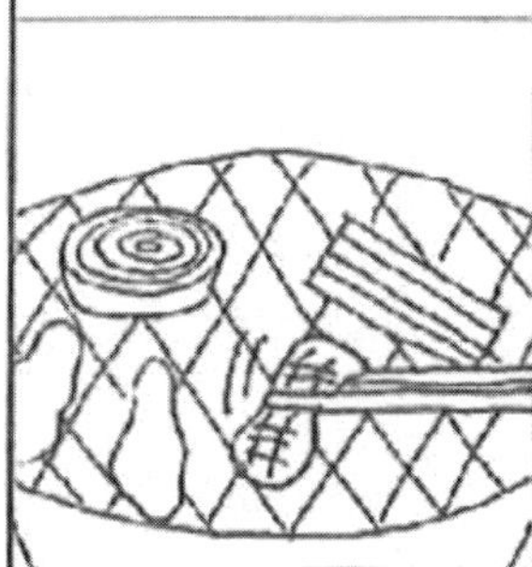			
裏返(うらがえ)す	羨(うらや)む	売(う)りきれる	売(う)れる

描(えが)く	得(え)る・得(う)る	追(お)い掛(か)ける	追(お)い越(こ)す

N2 動詞(どうし)6

追(お)いつく	応(おう)じる	終(お)える	覆(おお)う
		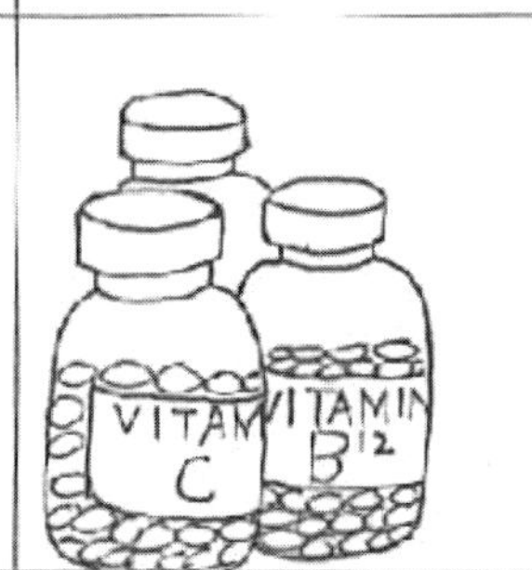	
犯罪を犯(おか)す	拝(おが)む	補(おぎな)う	贈(おく)る
			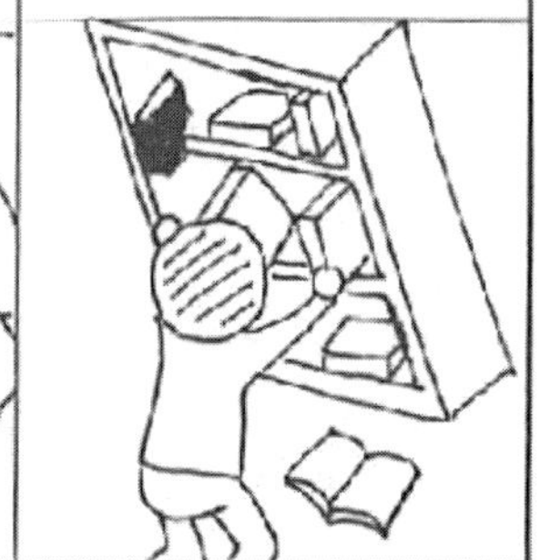
事故を起(お)こす	手術を行(おこな)う	事件が起(おこ)る	押(お)さえる

収(おさ)める	税金を納(おさ)める	教(おそ)わる	落(お)ち着(つ)く

N2 動詞(どうし)7

おっしゃる	脅(おど)かす	落(お)とす	劣(おと)る

踊(おど)る	驚(おどろ)かす	驚(おどろ)く	溺(おぼ)れる

思(おも)い込(こ)む	思(おも)い出(だ)す	思(おも)いつく	及(およ)ぼす

折(お)れる	お金を下(お)ろす	卸(おろ)す	飼(か)う

N2 動詞(どうし)8			
	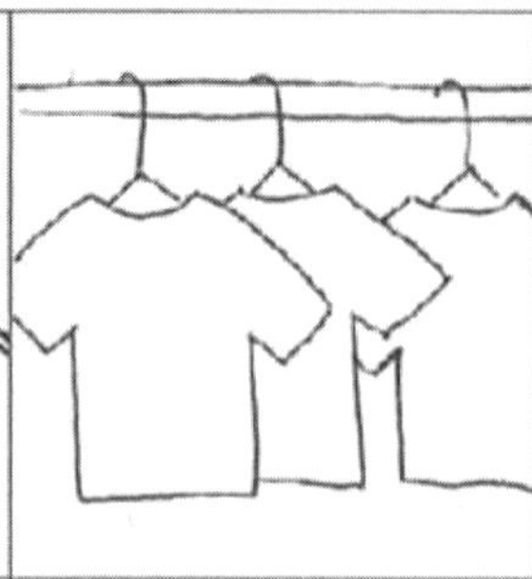	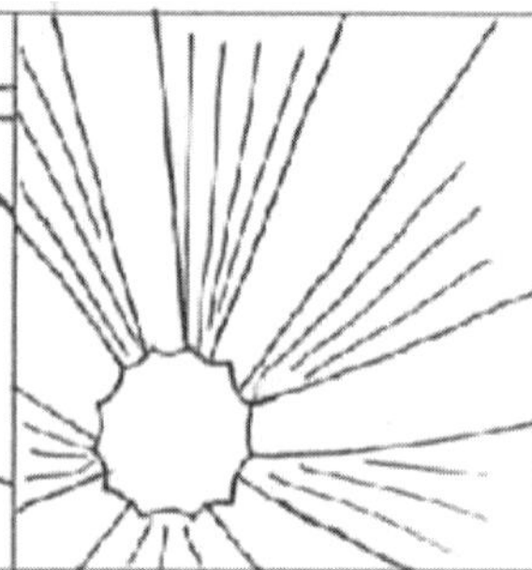	
変(か)える	掛(か)かる	輝(かがや)く	汗をかく
			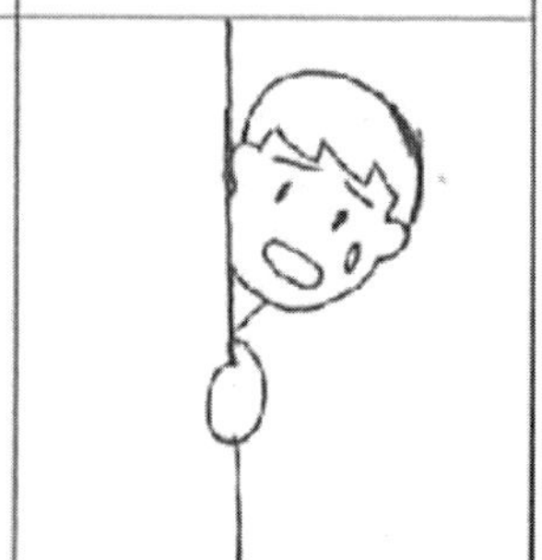
掻(か)く	匂いを嗅(か)ぐ	隠(かく)す	隠(かく)れる
		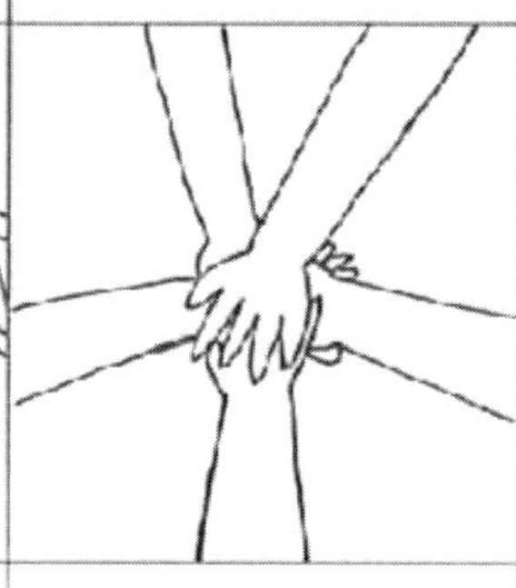	
欠(か)ける	ソースをかける	重(かさ)なる	飾(かざ)る

かじる	貸(か)す	稼(かせ)ぐ	数(かぞ)える

N2 動詞(どうし)9

片付(かたづ)く	片付(かたづ)ける	固(かた)まる	語(かた)る

勝(か)つ	担(かつ)ぐ	悲(かな)しむ	被(かぶ)せる

被(かぶ)る	通(かよ)う	からかう	借(か)りる
	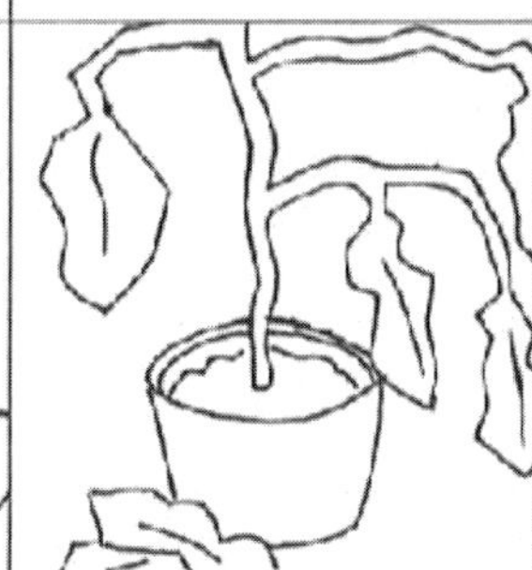		
刈(か)る	枯(か)れる	可愛(かわい)がる	乾(かわ)かす

N2 動詞(どうし)10

崩(くず)れる	砕(くだ)ける	くたびれる	下(くだ)る
	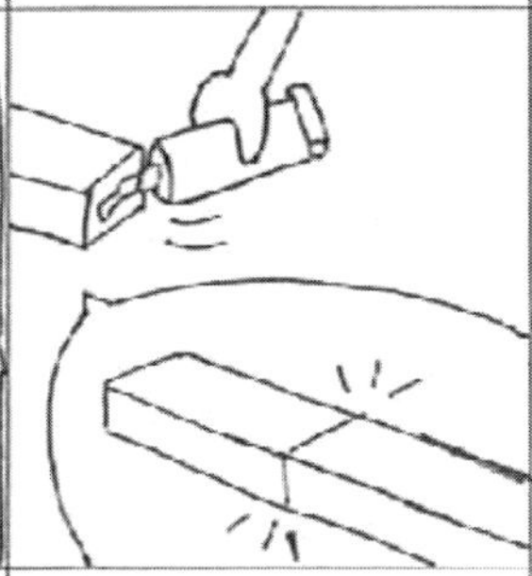		
くっつく	くっつける	配(くば)る	汲(く)む
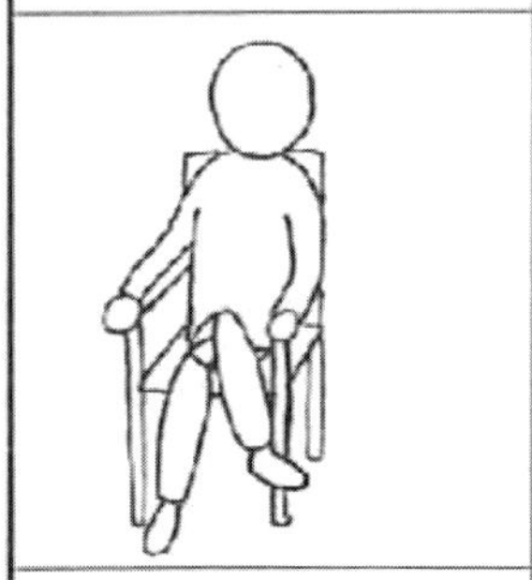			
足を組(く)む	組(く)む	曇(くも)る	悔(く)やむ

繰(く)り返(かえ)す	狂(くる)う	苦(くる)しむ	くるむ

N2 動詞(どうし)11

暮(く)れる	加(くわ)わる	加(くわ)える	消(け)す
	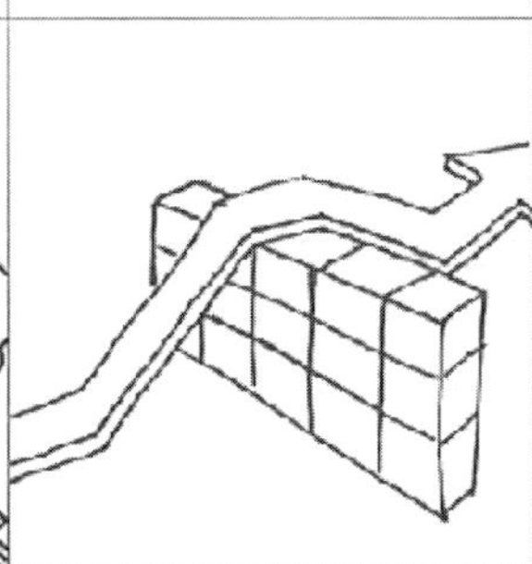	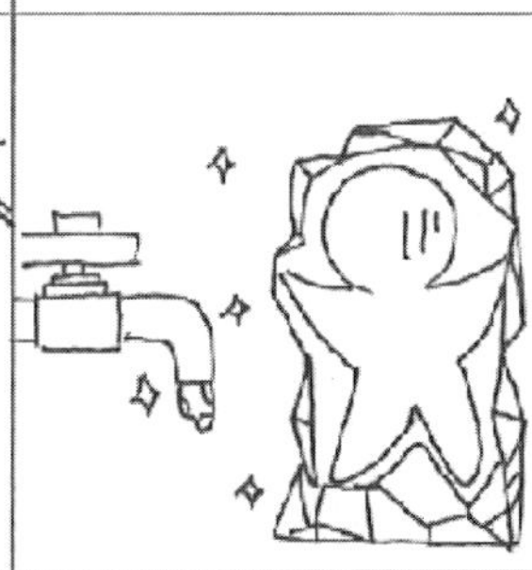	
蹴(け)る	超(こ)える	凍(こお)る	焦(こ)がす
	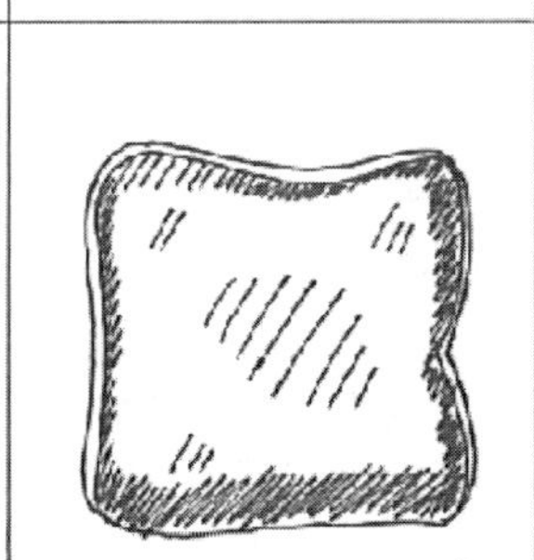		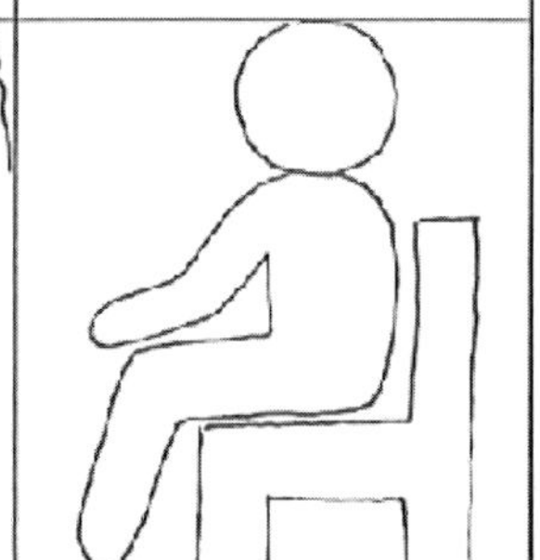
漕(こ)ぐ	焦(こ)げる	凍(こご)える	腰掛(こしか)ける

越(こ)す	擦(こす)る	答(こた)える	好(この)む

N2 動詞(どうし)12

	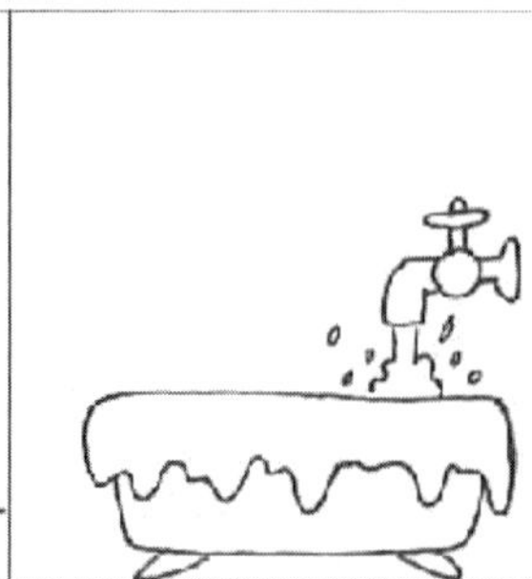		
こぼす	こぼれる	混(こ)む・込	込(こ)める
		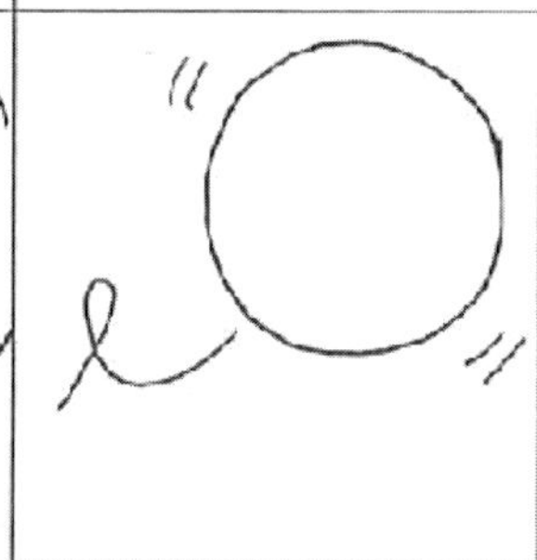	
こらえる	転(ころ)がす	転(ころ)がる	殺(ころ)す

転(ころ)ぶ	壊(こわ)す	壊(こわ)れる	逆(さか)らう

下(さ)がる	裂(さ)く	探(さぐ)る	叫(さけ)ぶ

N2 動詞(どうし)13

	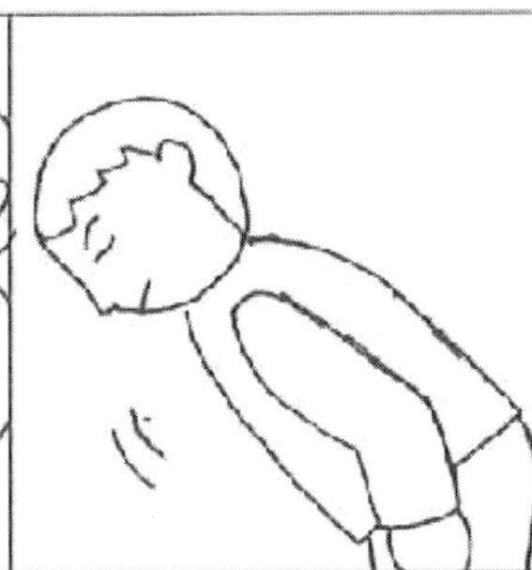		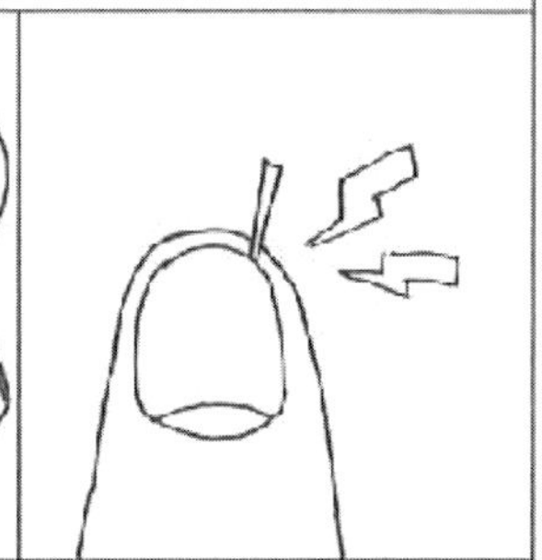
避(さ)ける	下(さ)げる	囁(ささや)く	刺(さ)さる

さしあげる	傘を差(さ)す	誘(さそ)う	錆(さ)びる
	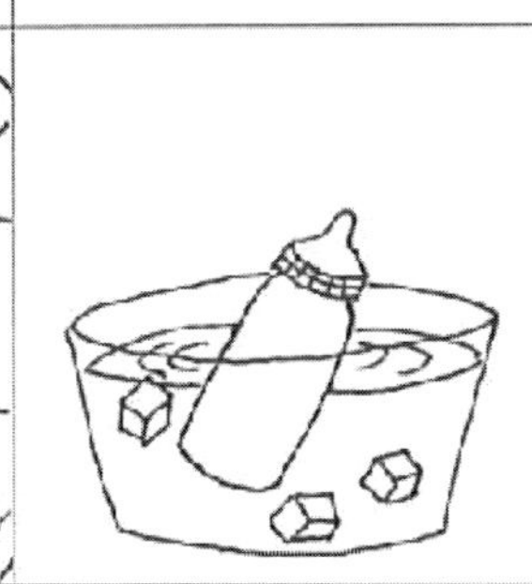		
覚(さ)ます	冷(さ)ます	覚(さ)める	去(さ)る

騒(さわ)ぐ	触(さわ)る	叱(しか)る	敷(し)く

N2 動詞(どうし)14

茂(しげ)る	静(しず)まる	従(したが)う	支払(しはら)う
			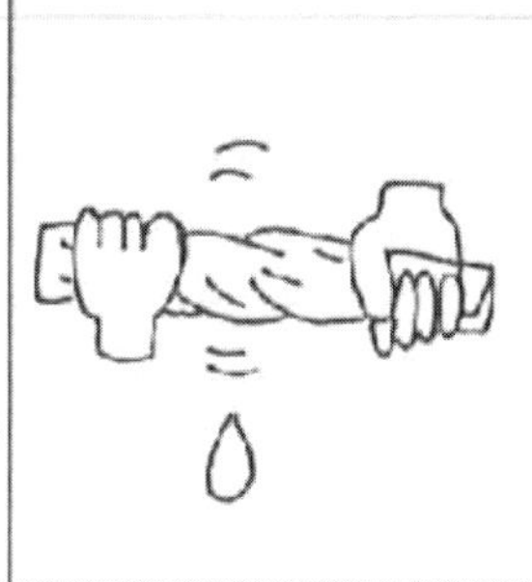
縛(しば)る	しびれる	しぼむ	絞(しぼ)る

しまう	閉(し)まる	締(し)め切(き)る	湿(しめ)る
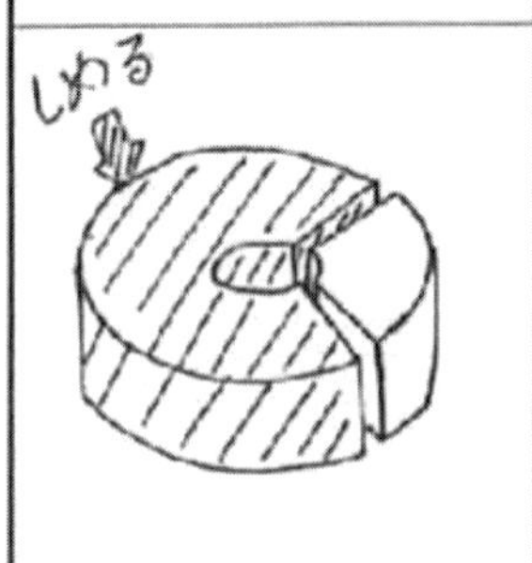			
占(し)める	締(し)める	閉(し)める	しゃがむ

N2 動詞(どうし)15

しゃぶる

知(し)らせる

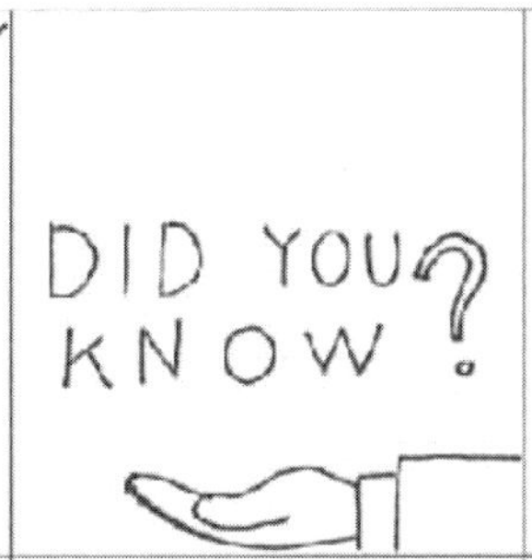

知(し)る

信(しん)じる

吸(す)う

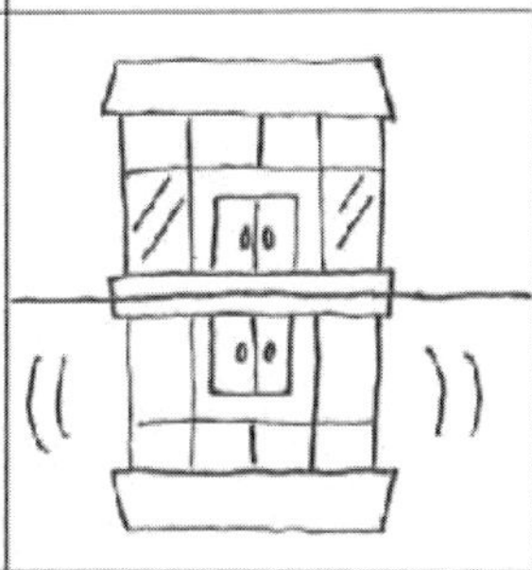

透(す)き通(とお)る

食(た)べ過(す)ぎる

空(す)く

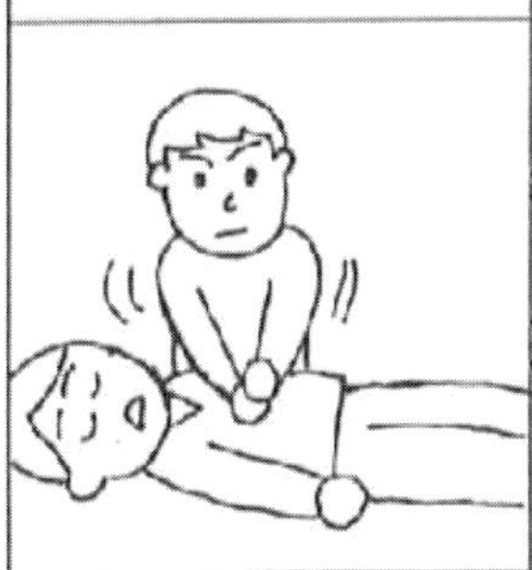

救(すく)う

優(すぐ)れる

過(す)ごす

涼(すず)む

進(すす)める

捨(す)てる

滑(すべ)る

済(す)ませる

N2 動詞(どうし)16

すれちがう

背負(せお)う

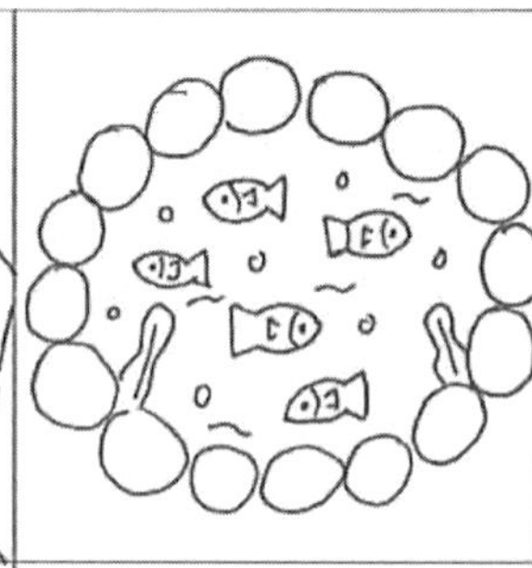

澄(す)む

接(せっ)する

迫(せま)る

沿(そ)う

注(そそ)ぐ

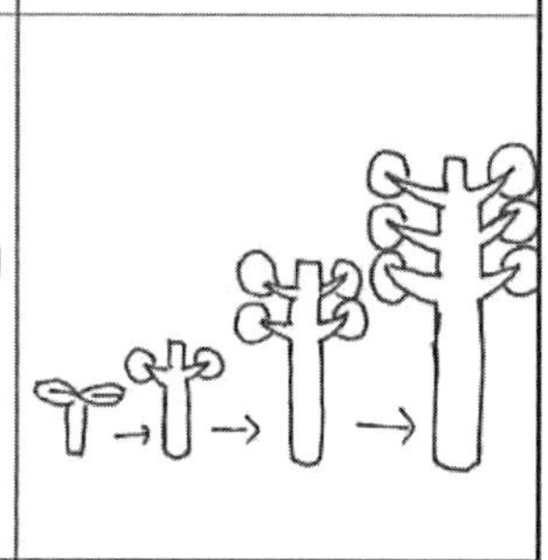

育(そだ)つ

育(そだ)てる

剃(そ)る

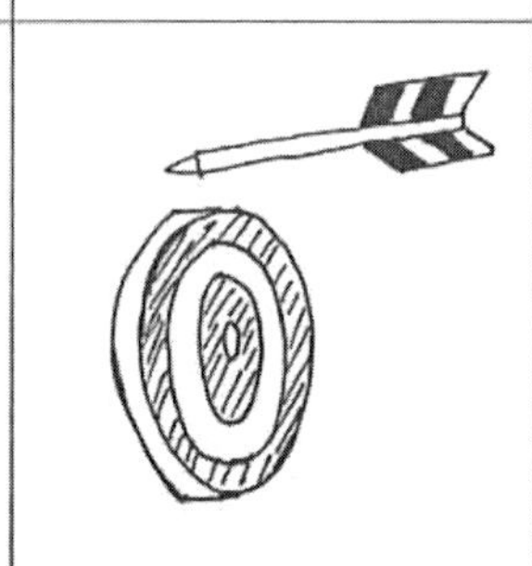

逸(そ)れる

揃(そろ)う

存(ぞん)じる

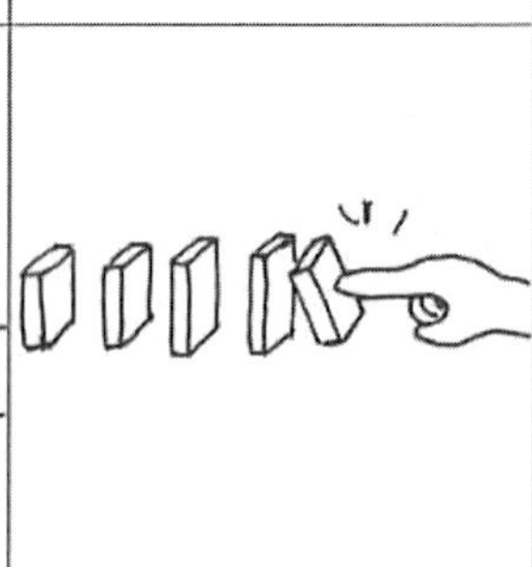

倒(たお)す

高(たか)める

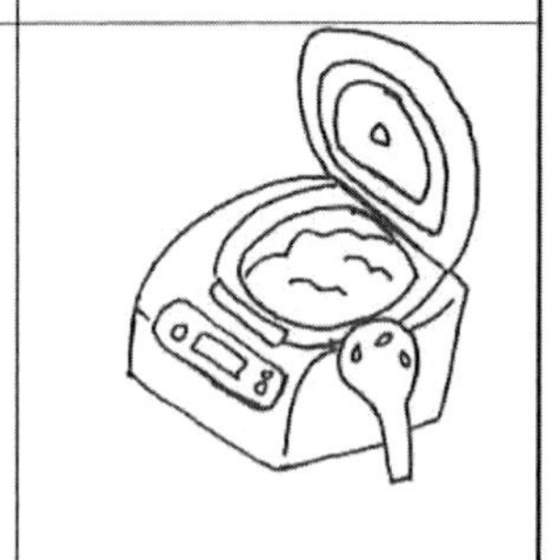

炊(た)く

N2 動詞(どうし)17

抱(だ)く

蓄(たくわ)える

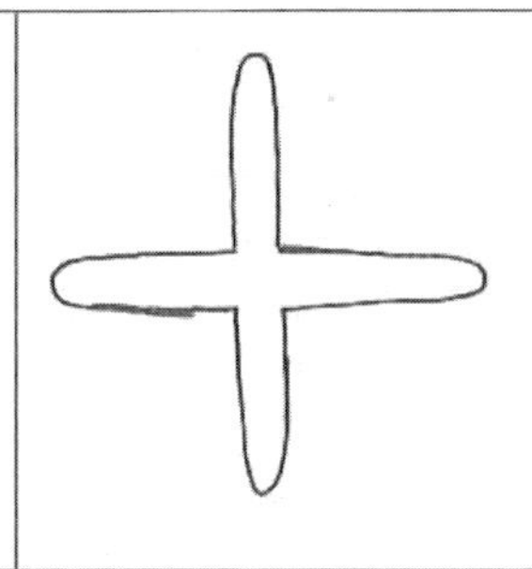

足(た)す

出(だ)す

助(たす)かる

助(たす)ける

訪(たず)ねる

戦(たたか)う

叩(たた)く

立(た)ち上(あ)がる

立(た)ち止(ど)まる

経(た)つ

建(た)つ

発(た)つ

建(た)てる

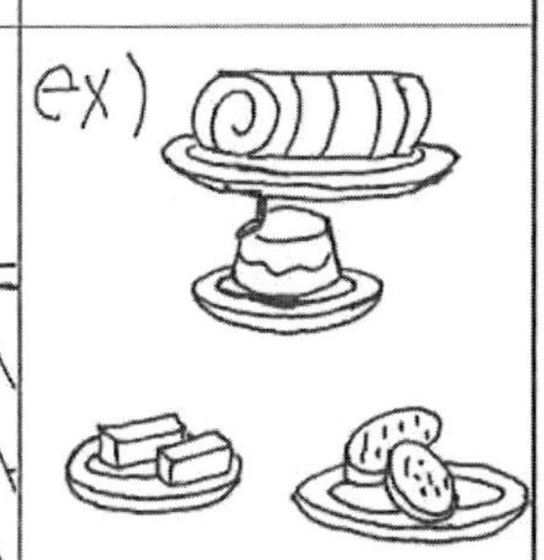

例(たと)える

N2 動詞(どうし)18

			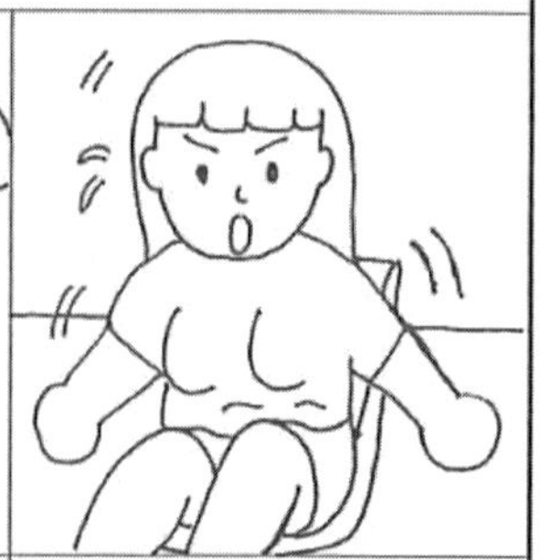
楽(たの)しむ	騙(だま)す	溜(たま)る	試(ため)す
	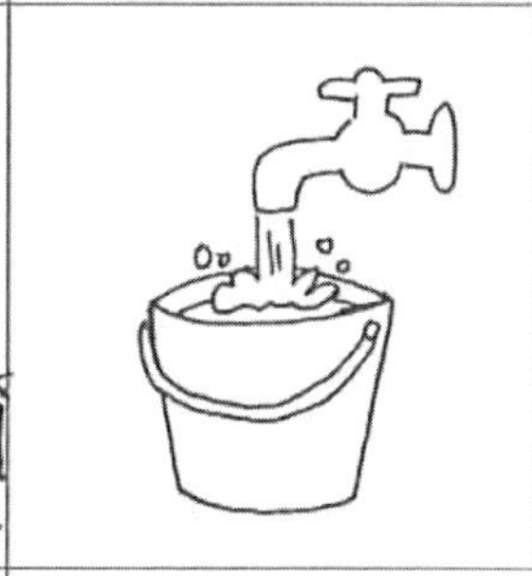		
ためらう	溜(た)める	頼(たよ)る	足(た)りる
	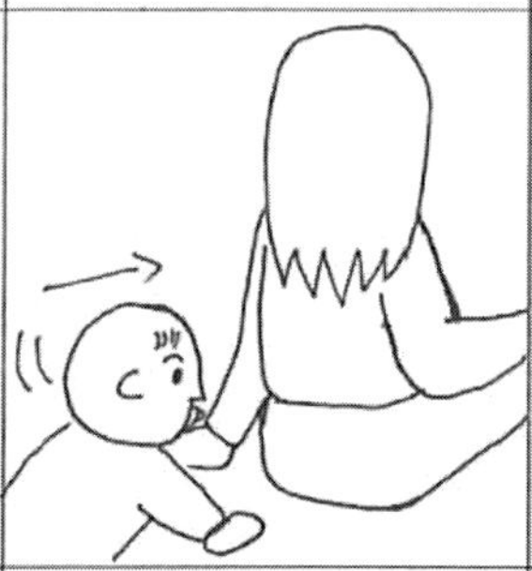		
誓(ちか)う	近(ちか)づく	違(ちが)う	近寄(ちかよ)る

縮(ちぢ)む	散(ち)らかす	散(ち)らかる	散(ち)る

N2 動詞(どうし)19

		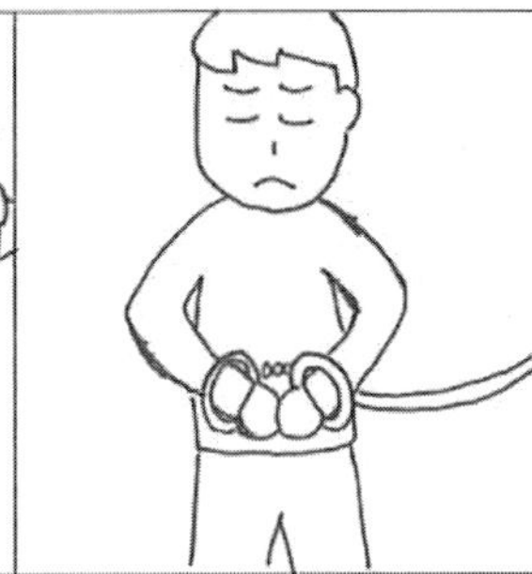	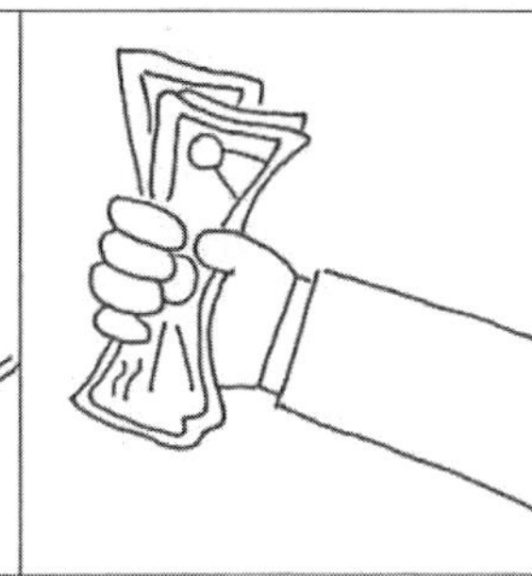
通(つう)じる	捕(つか)まえる	捕(つか)まる	掴(つか)む
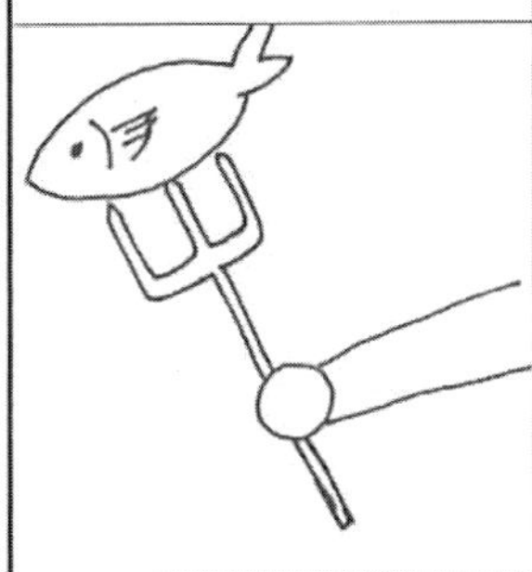			
突(つ)く	注(つ)ぐ	造(つく)る	浸(つ)ける
		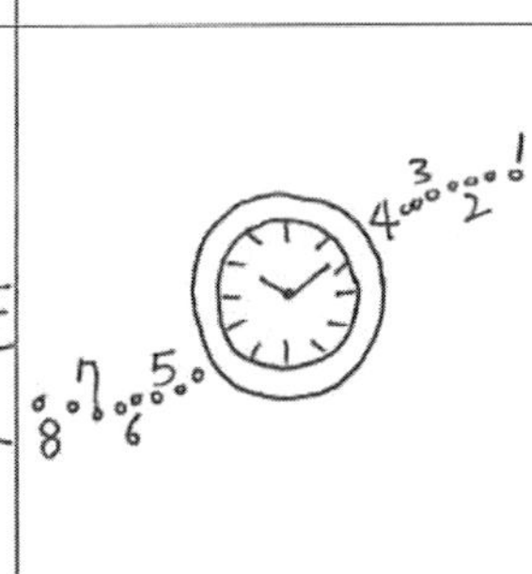	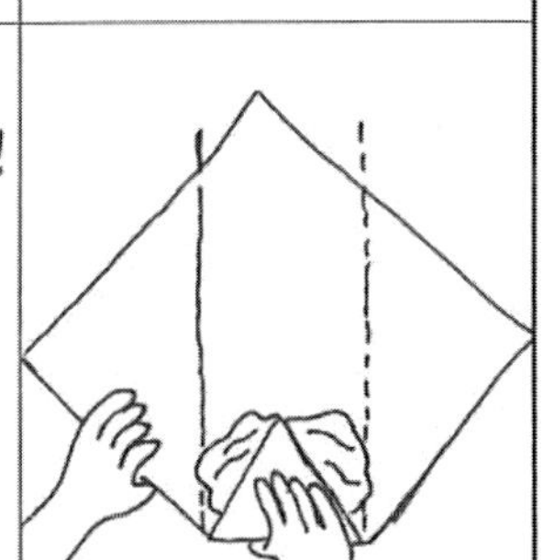
伝(つた)わる	突(つ)っ込(こ)む	続(つづ)ける	包(つつ)む
			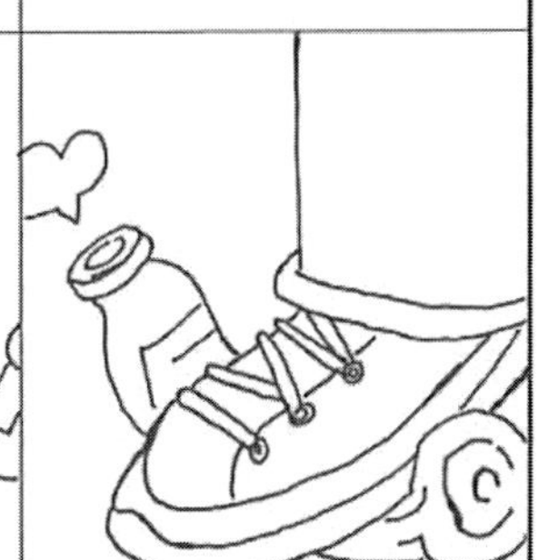
勤(つと)める	繋(つな)がる	繋(つな)ぐ	潰(つぶ)す

N2 動詞(どうし)20

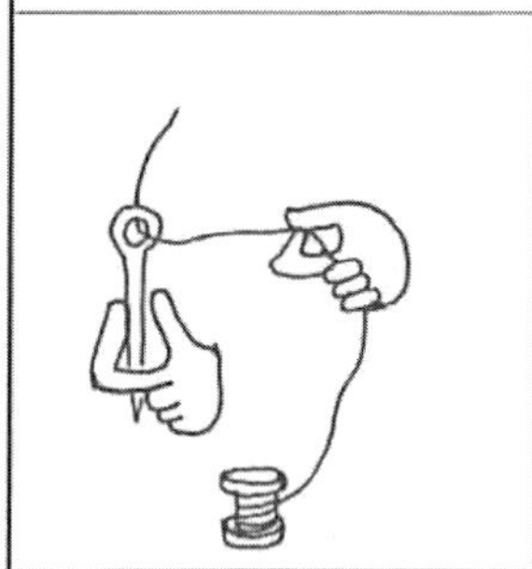			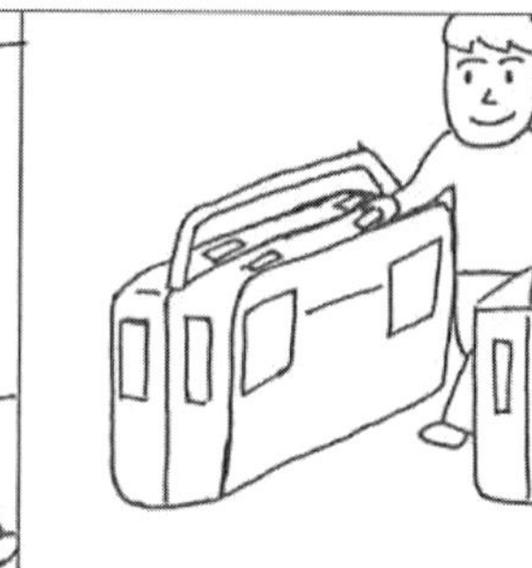
通(とお)す	通(とお)りかかる	通(とお)りすぎる	通(とお)る
	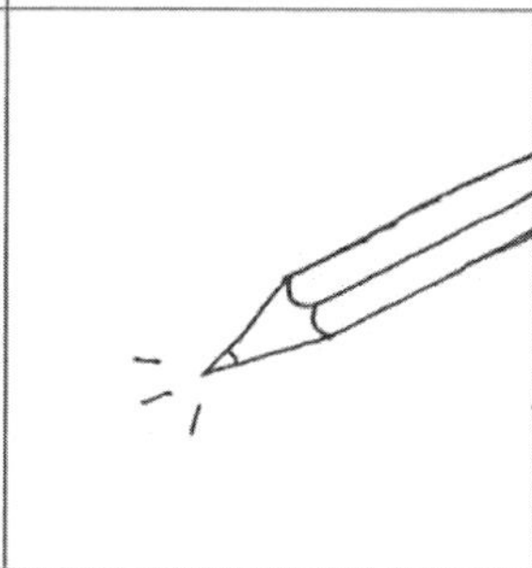	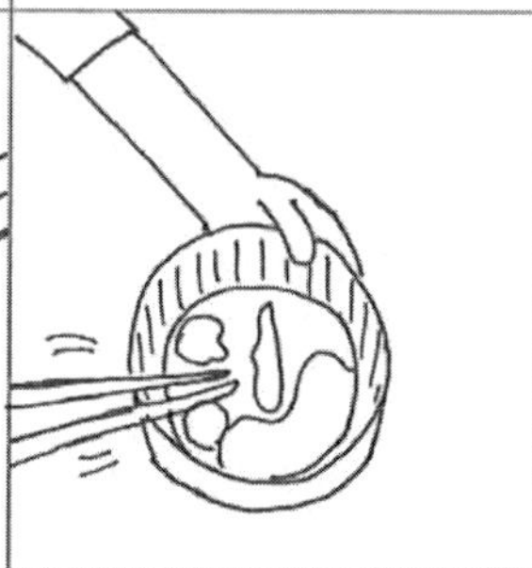	
溶(と)かす	尖(とが)る	溶(と)く	退(ど)く
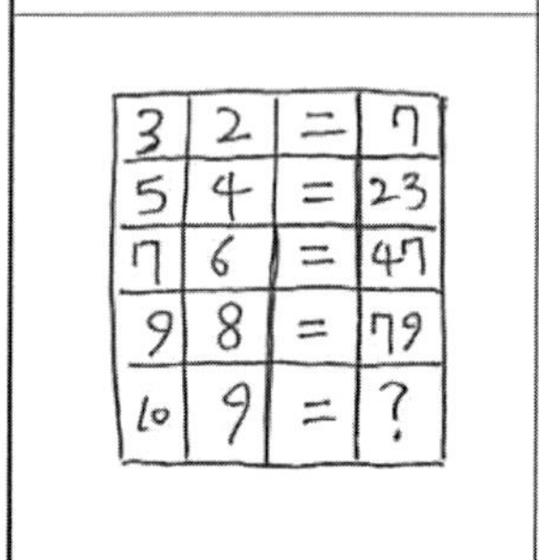			
解(と)ける	溶(と)ける	退(ど)ける	届(とど)ける
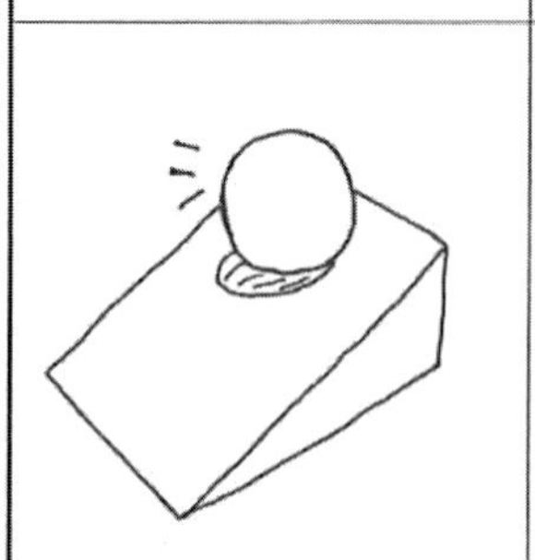			
留(とど)まる	どなる	飛(と)ばす	飛込(とびこ)む

N2 動詞(どうし)21

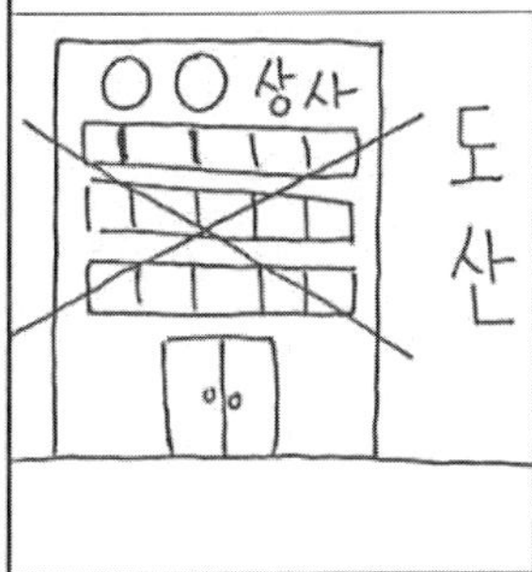

潰(つぶ)れる

つまずく

詰(つ)まる

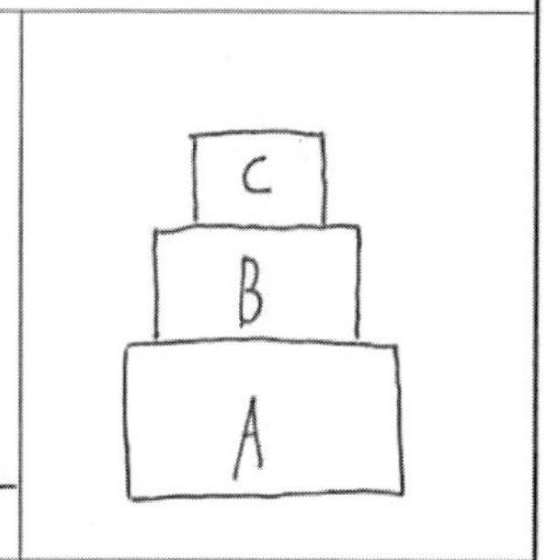

積(つ)む

詰(つ)める

積(つ)もる

吊(つ)る

釣(つ)る

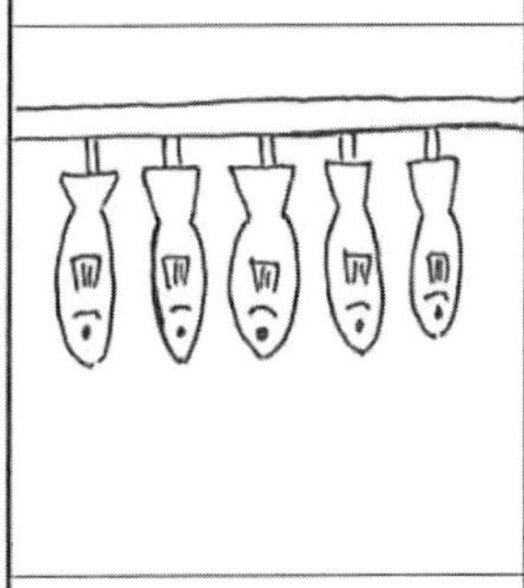
吊(つる)す

連(つ)れる

出会(であ)う

出(で)かける

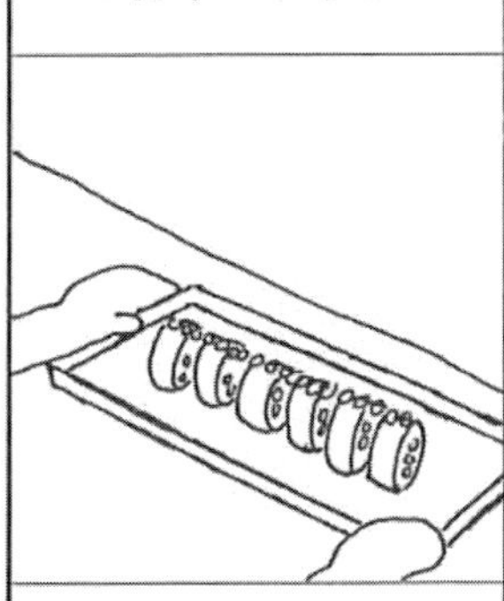
出来上(できあ)がる

手伝(てつだ)う

照(て)る

問(と)う

N2 動詞(どうし)22

飛(と)び出(だ)す	止(とま)る	泊(と)める	伴(ともな)う
	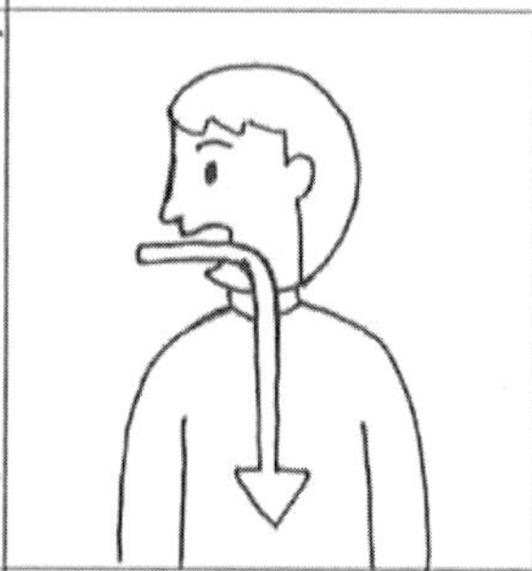		
捕(と)らえる	取(と)り入(い)れる	取(と)り替(か)える	取(と)り消(け)す
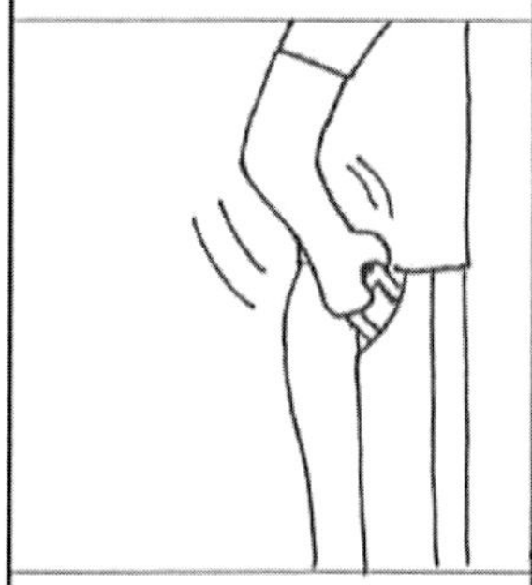			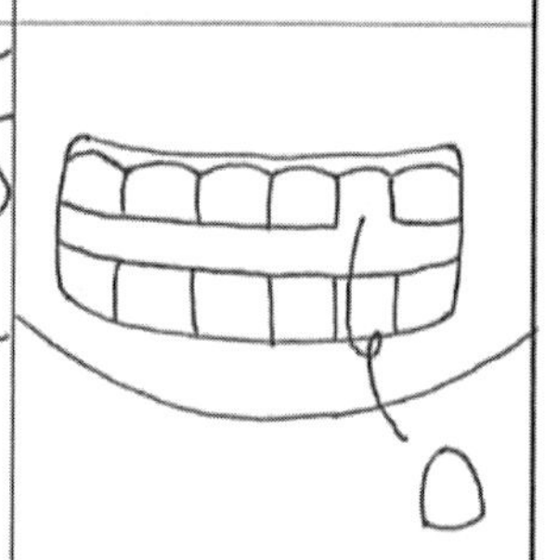
取(と)り出(だ)す	捕(と)る	採(と)る	取(と)れる
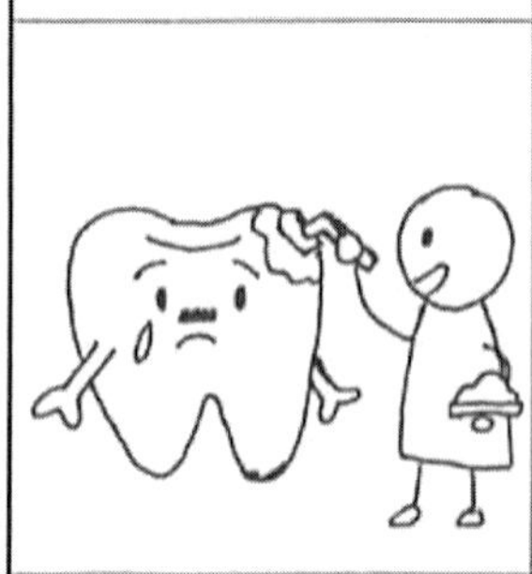			
治(なお)す	直(なお)る	長引(ながび)く	眺(なが)める

N2 動詞(どうし)23

鳴(な)く	慰(なぐさ)める	亡(な)くす	無(な)くなる
			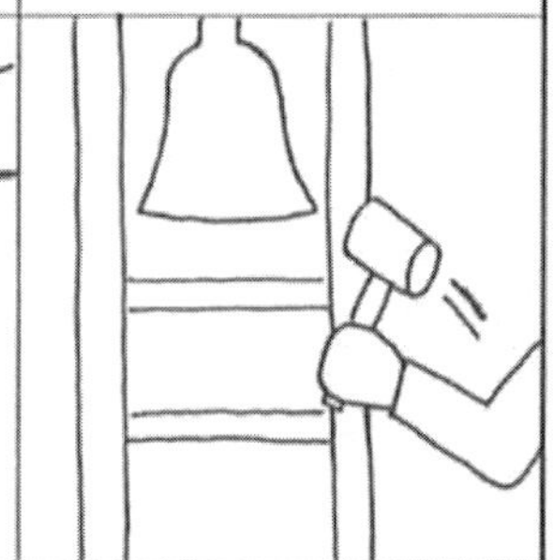
殴(なぐ)る	投(な)げる	撫(な)でる	鳴(な)らす
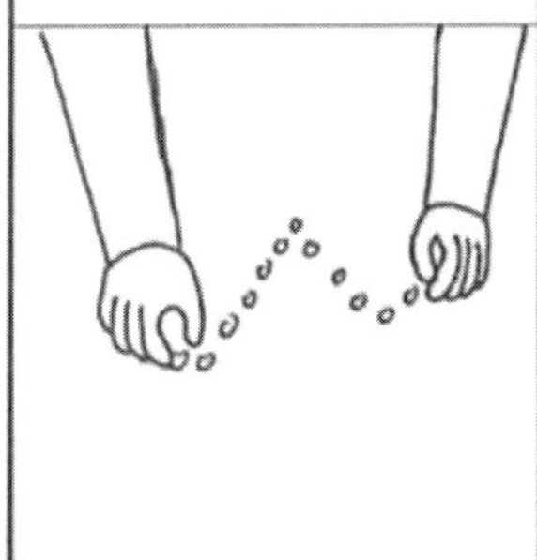	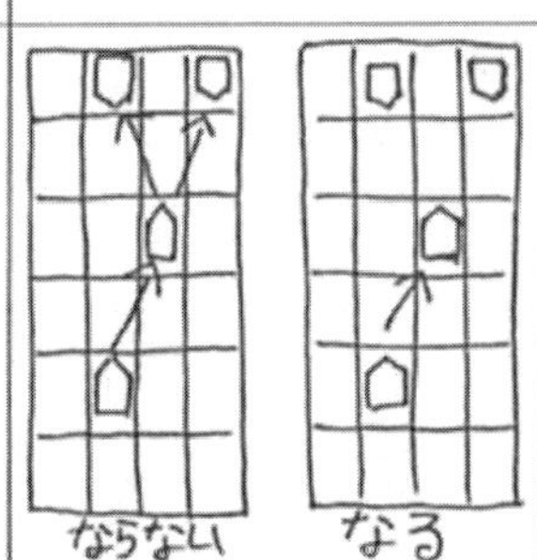		
並(なら)べる	成(な)る	慣(な)れる	似合(にあ)う
		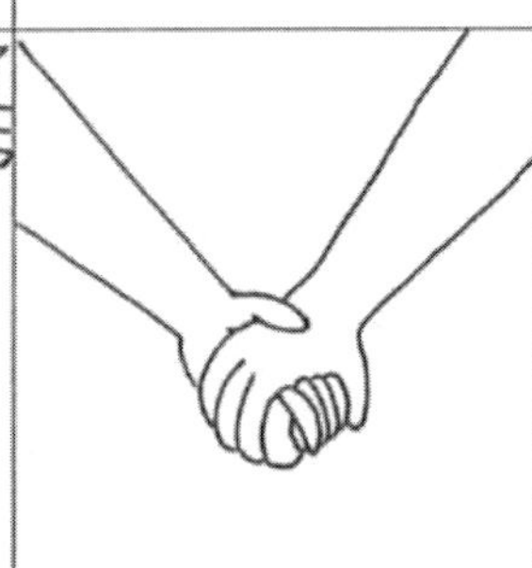	
匂(にお)う	逃(に)がす	握(にぎ)る	憎(にく)む

N2 動詞(どうし)24

	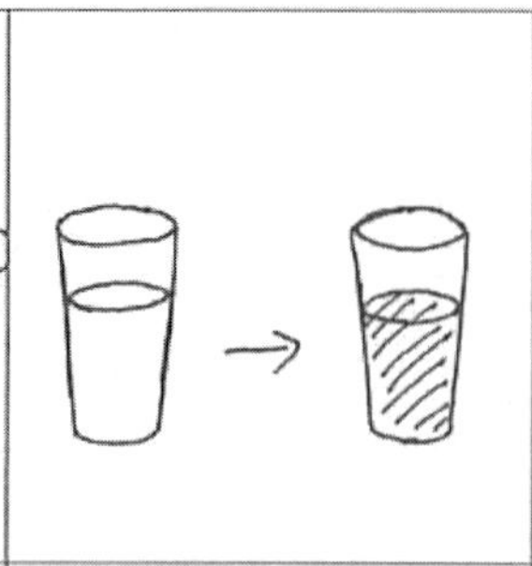		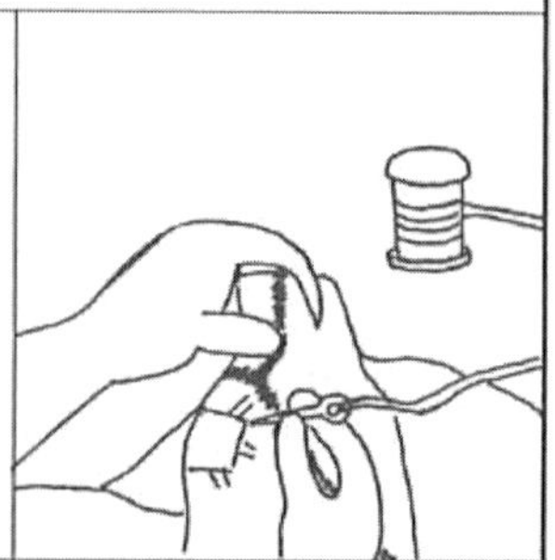
逃(に)げる	濁(にご)る	煮(に)る	縫(ぬ)う
			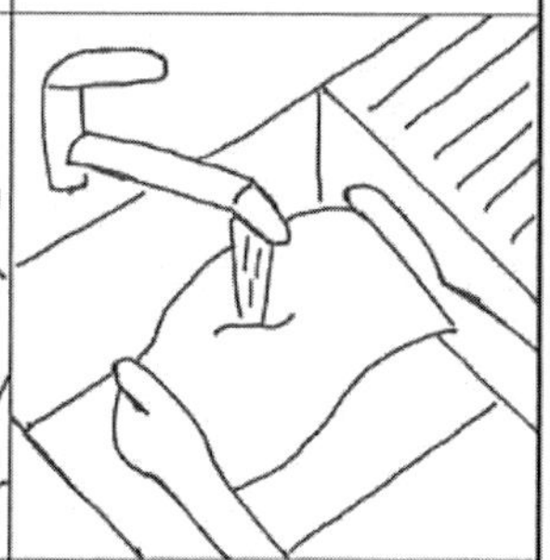
脱(ぬ)ぐ	抜(ぬ)ける	盗(ぬす)む	濡(ぬ)らす
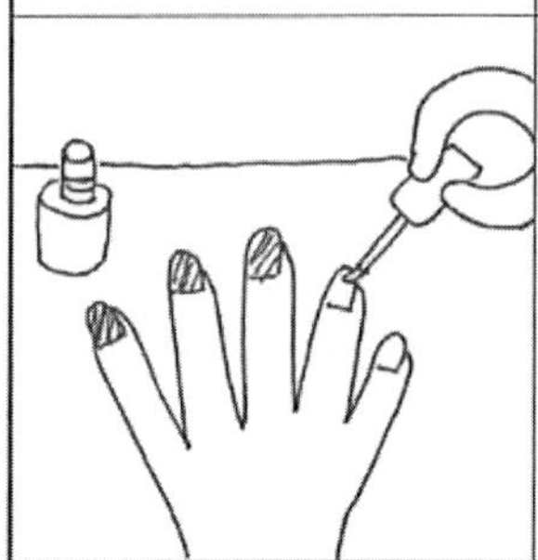			
塗(ぬ)る	濡(ぬ)れる	捩(ねじ)る	眠(ねむ)る

狙(ねら)う	残(のこ)す	載(の)せる	覗(のぞ)く

N2 動詞(どうし)25

<table>
<tr>
<td>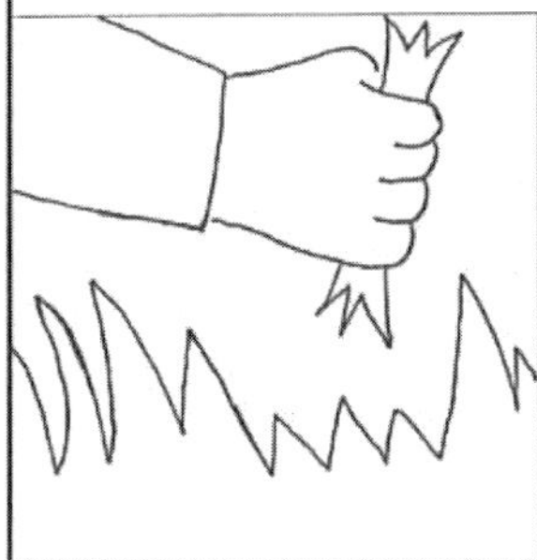</td>
<td></td>
<td></td>
<td></td>
</tr>
<tr>
<td>除(のぞ)く</td>
<td>伸(の)ばす</td>
<td>延(の)びる</td>
<td>昇(のぼ)る</td>
</tr>
<tr>
<td>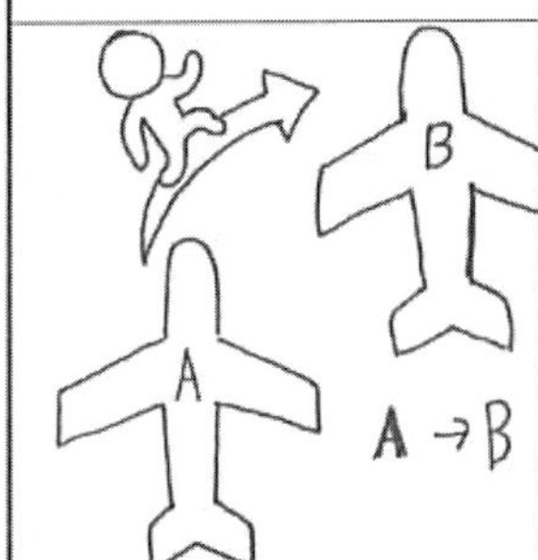
</td>
<td></td>
<td></td>
<td>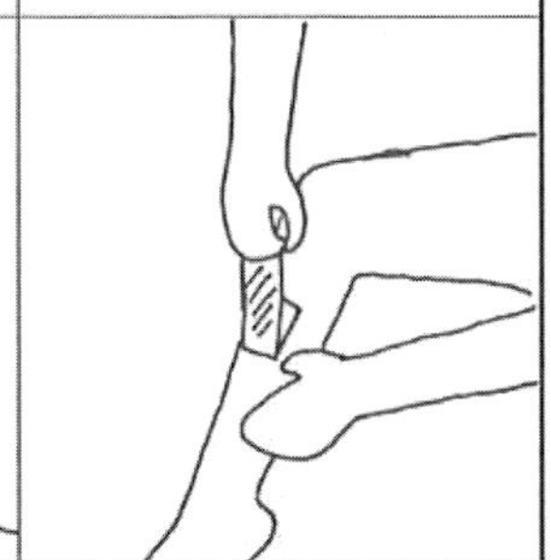</td>
</tr>
<tr>
<td>乗(の)り換(か)える</td>
<td>載(の)る</td>
<td>這(は)う</td>
<td>剥(は)がす</td>
</tr>
<tr>
<td>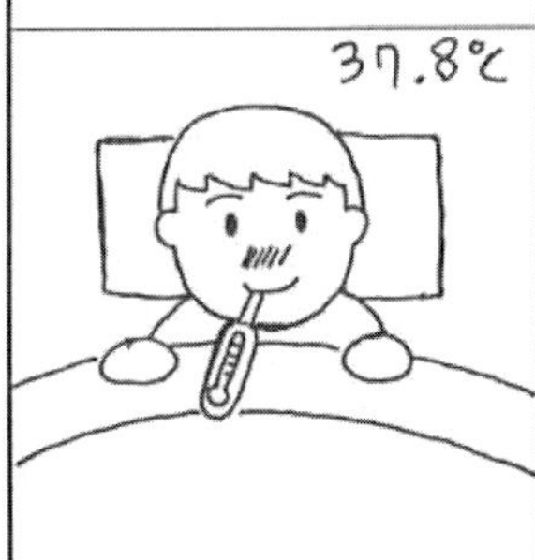
</td>
<td></td>
<td>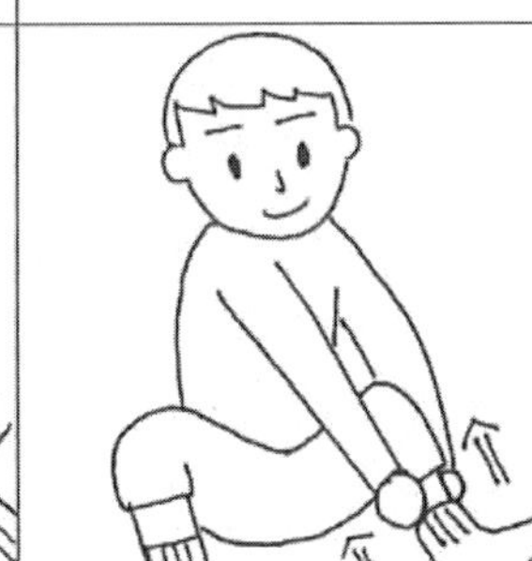</td>
<td></td>
</tr>
<tr>
<td>計(はか)る</td>
<td>掃(は)く</td>
<td>履(は)く</td>
<td>吐(は)く</td>
</tr>
<tr>
<td></td>
<td>
</td>
<td>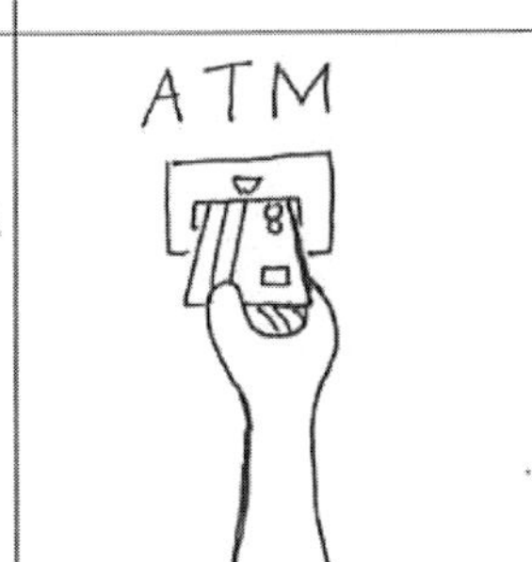
</td>
<td></td>
</tr>
<tr>
<td>運(はこ)ぶ</td>
<td>挟(はさ)まる</td>
<td>挟(はさ)む</td>
<td>走(はし)る</td>
</tr>
</table>

N2 動詞(どうし)26

	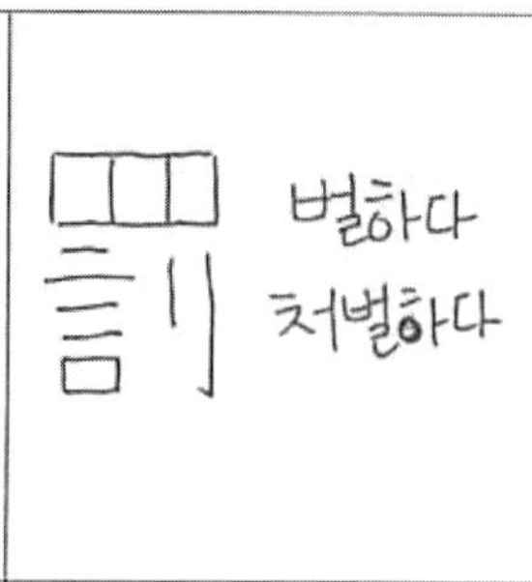		
外(はず)す	罰(ばっ)する	話(はな)しかける	放(はな)す

離(はな)れる	跳(は)ねる	はめる	払(はら)い込(こ)む
			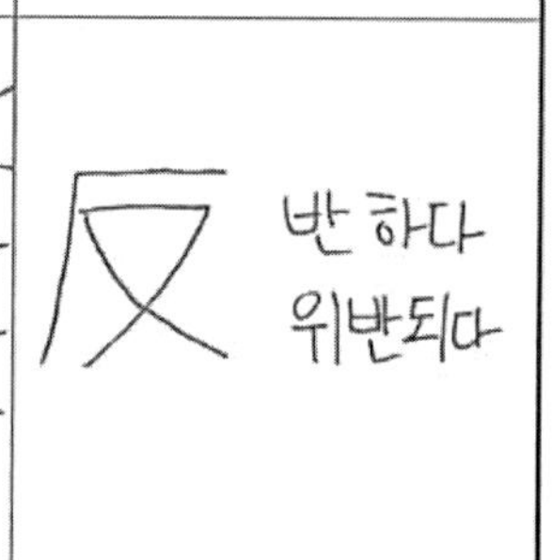
払(はら)い戻(もど)す	張(は)り切(き)る	晴(は)れる	反(はん)する
		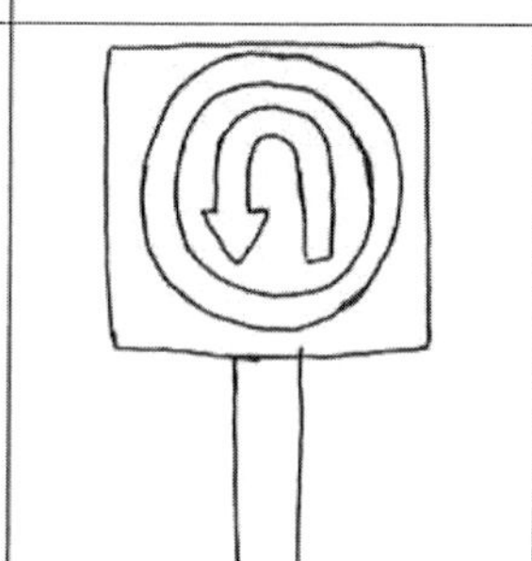	
冷(ひ)える	光(ひか)る	引(ひ)き返(かえ)す	弾(ひ)く

N2 動詞(どうし)27

	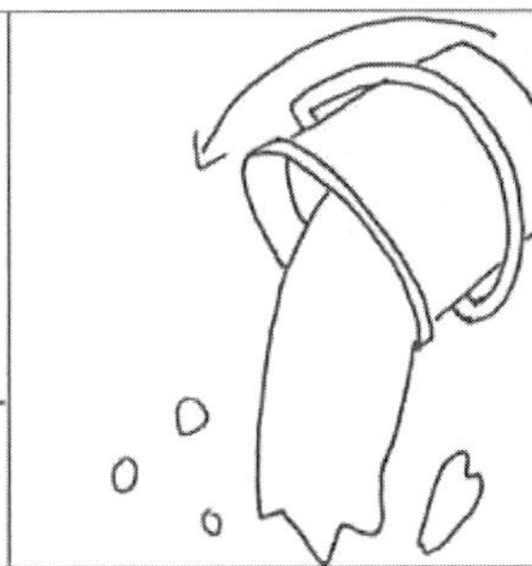	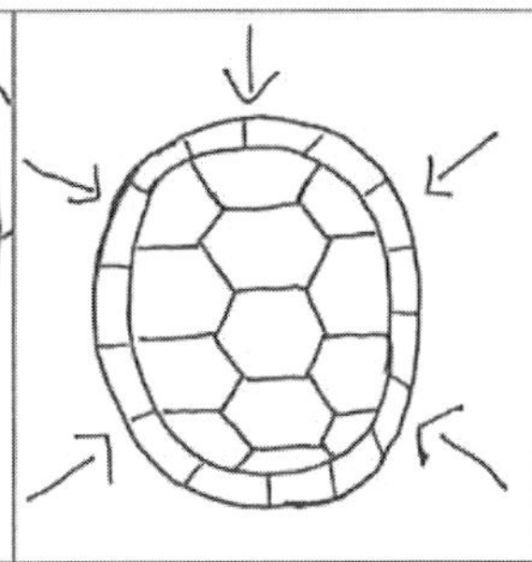	
ひっ掛(か)かる	ひっくり返(かえ)す	引(ひ)っ込(こ)む	引(ひ)っ張(ぱ)る
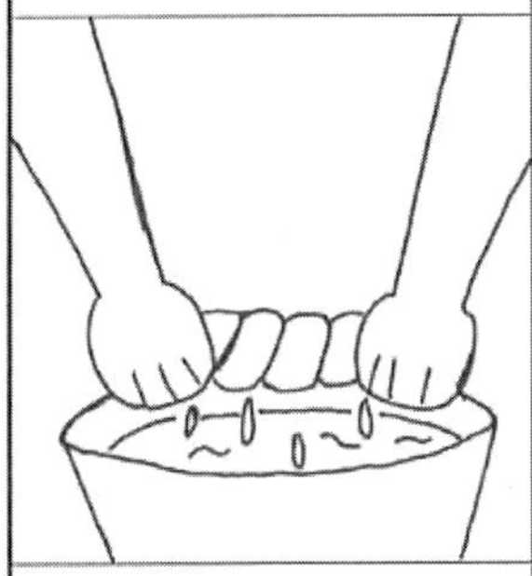	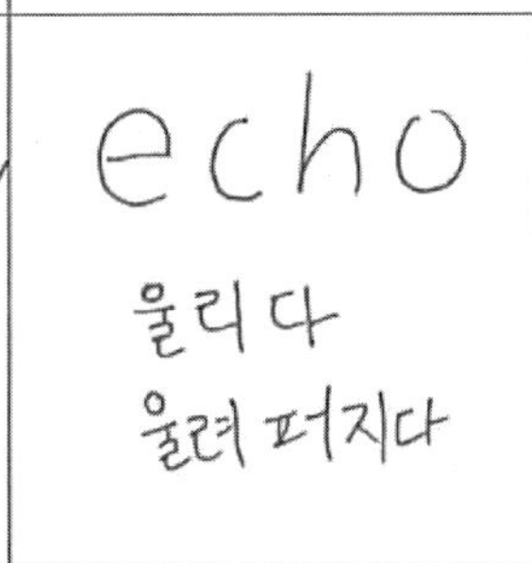		
捻(ひね)る	響(ひび)く	冷(ひ)やす	開(ひら)く
	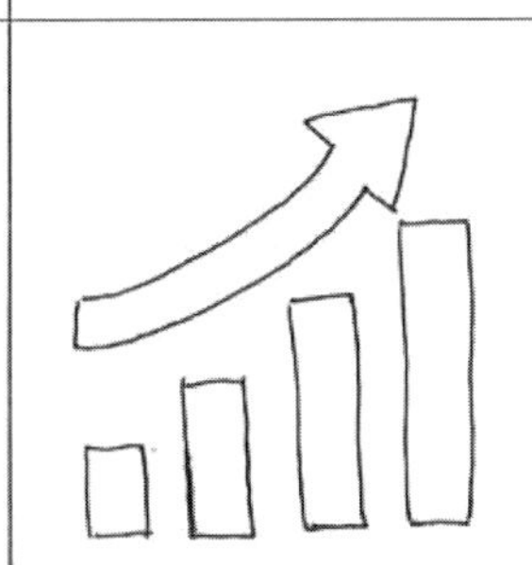	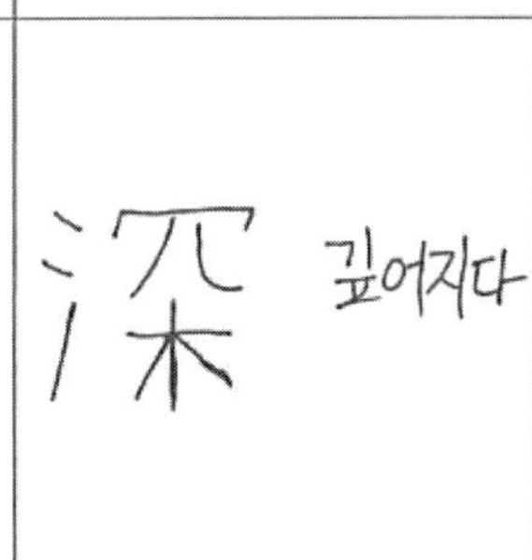	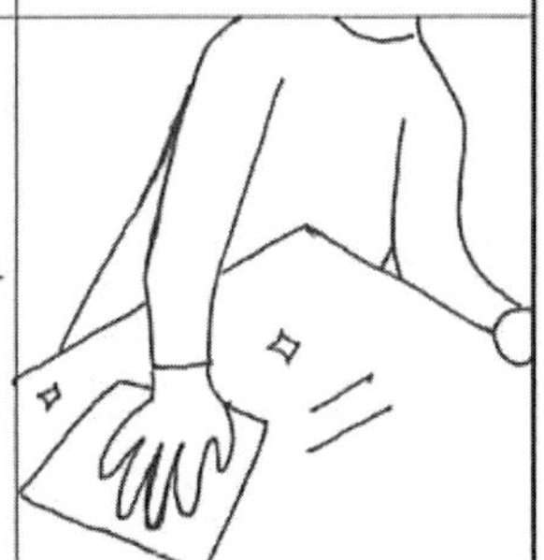
広(ひろ)げる	増(ふ)える	深(ふか)まる	拭(ふ)く

含(ふく)める	膨(ふく)らます	膨(ふく)らむ	塞(ふさ)がる

N2 動詞(どうし)28

塞(ふさ)ぐ	ふざける	防(ふせ)ぐ	ぶつかる
	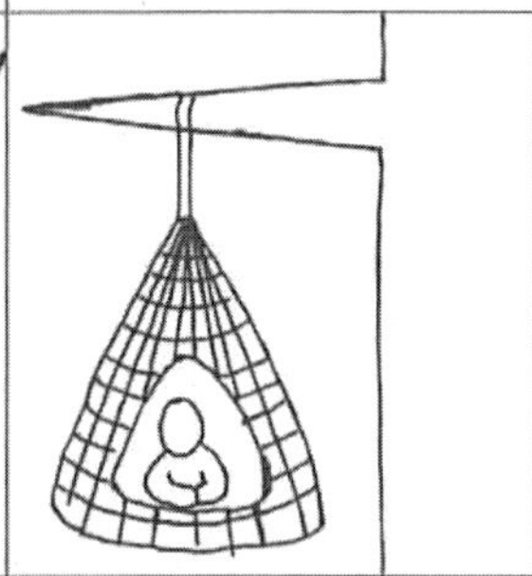	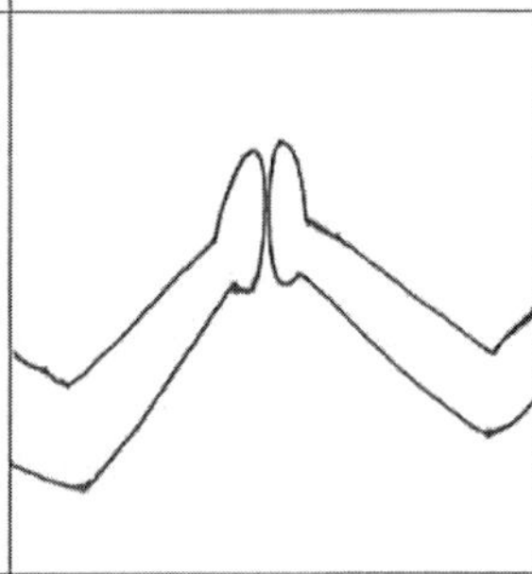	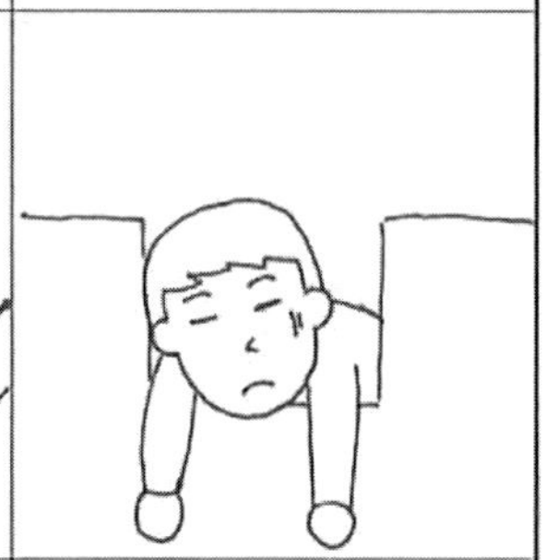
踏(ふ)む	ぶらさげる	触(ふ)れる	凹(へこ)む

隔(へだ)てる	減(へ)らす	放(ほう)る	吠(ほ)える

干(ほ)す	解(ほど)く	微笑(ほほえ)む	褒(ほ)める

N2 動詞(どうし)29

	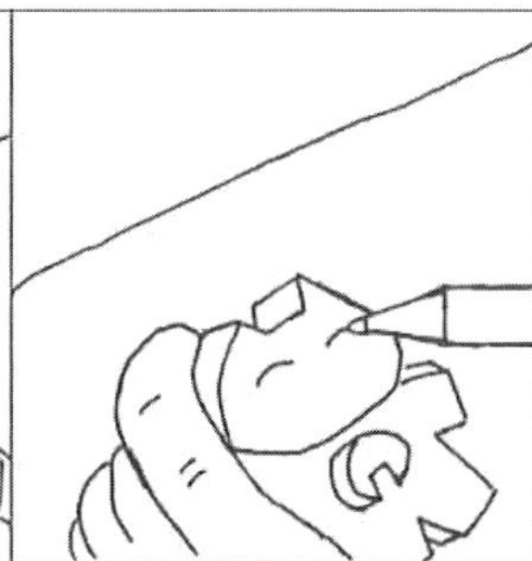		
掘(ほ)る	彫(ほ)る	曲(ま)がる	撒(ま)く
	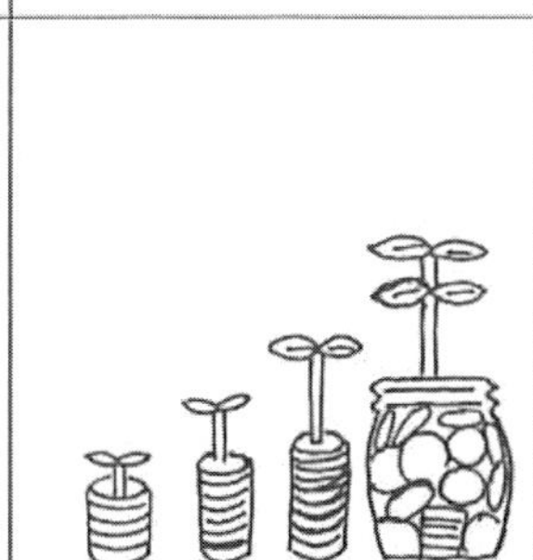	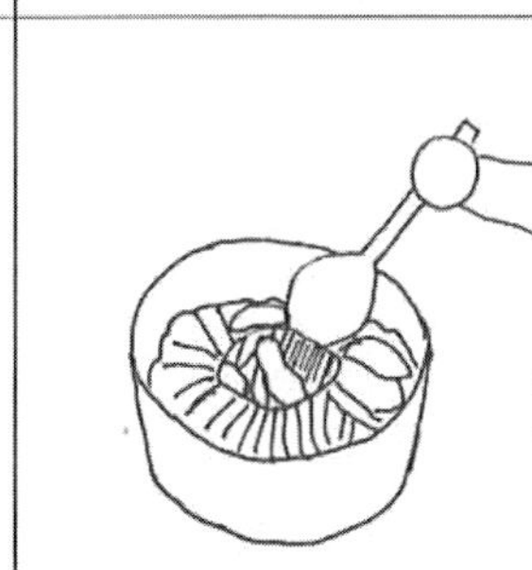	
混(ま)ざる	増(ま)す	混(ま)ぜる	間違(まちが)う
	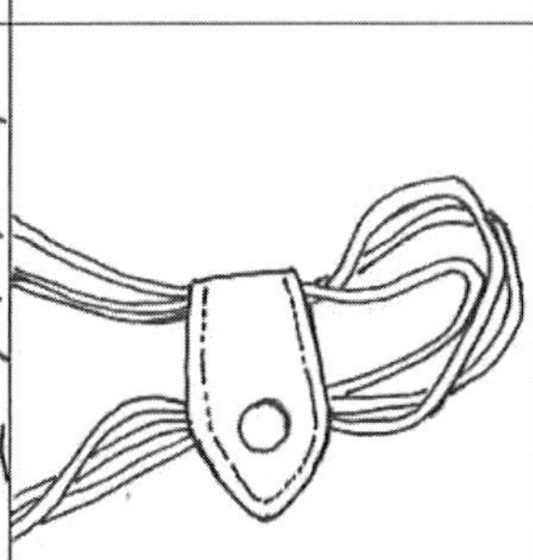		
祭(まつ)る	纏(まと)める	学(まな)ぶ	招(まね)く
	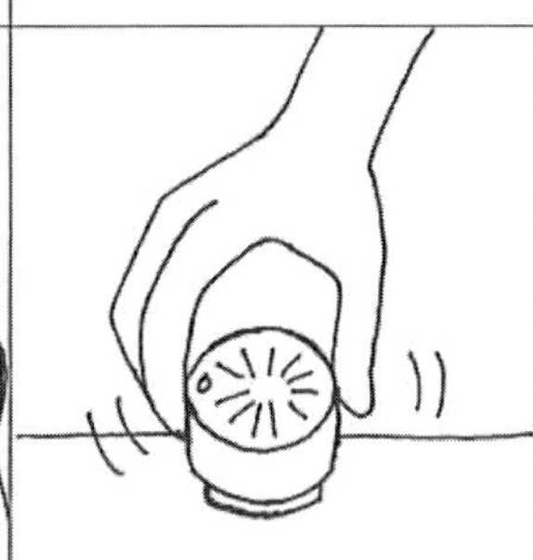		
真似(まね)る	回(まわ)す	見上(みあ)げる	見送(みおく)る

<table>
<tr><td colspan="4">N2 動詞(どうし)30</td></tr>
<tr><td></td><td>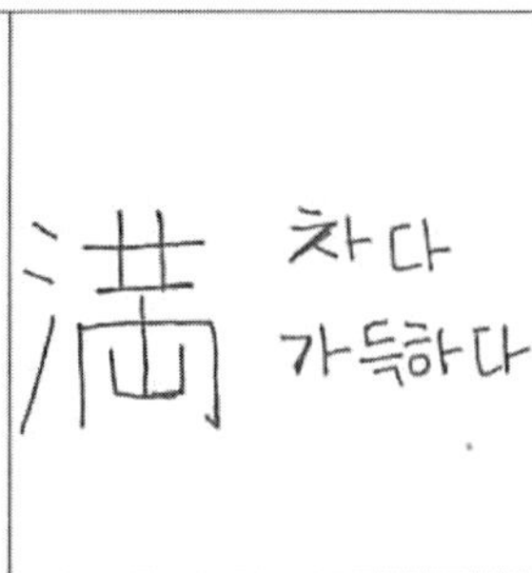</td><td></td><td></td></tr>
<tr><td>磨(みが)く</td><td>満(み)ちる</td><td>見詰(みつ)める</td><td>見舞(みま)う</td></tr>
<tr><td></td><td>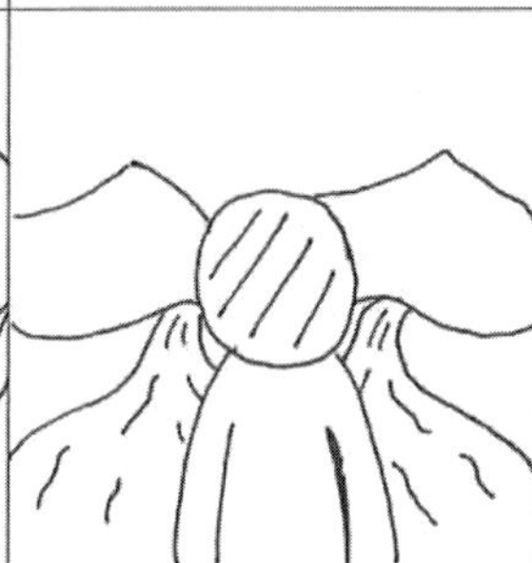</td><td>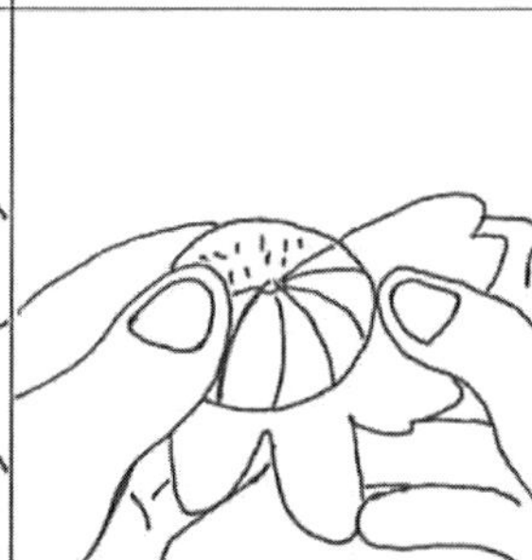</td><td></td></tr>
<tr><td>診(み)る</td><td>向(む)かう</td><td>剥(む)く</td><td>命(めい)じる</td></tr>
<tr><td>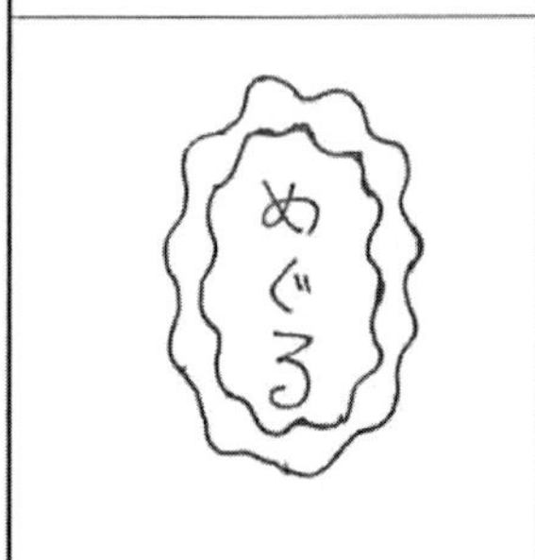</td><td></td><td></td><td></td></tr>
<tr><td>巡(めぐ)る</td><td>恵(めぐ)まれる</td><td>目指(めざ)す</td><td>目立(めだ)つ</td></tr>
<tr><td></td><td></td><td>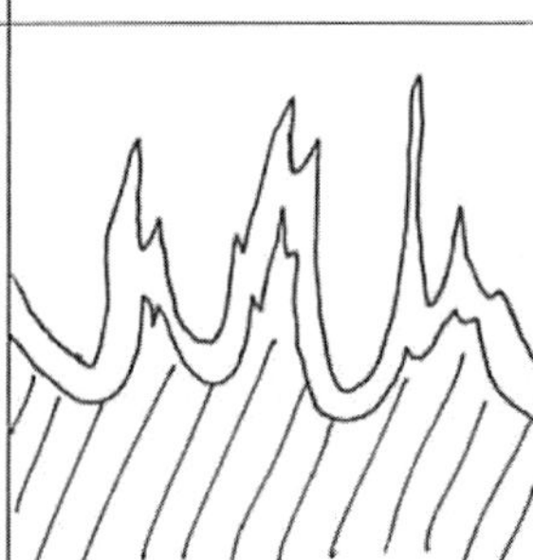</td><td></td></tr>
<tr><td>儲(もう)ける</td><td>申(もう)し込(こ)む</td><td>燃(も)える</td><td>潜(もぐ)る</td></tr>
</table>

N2 動詞(どうし)31

もたれる

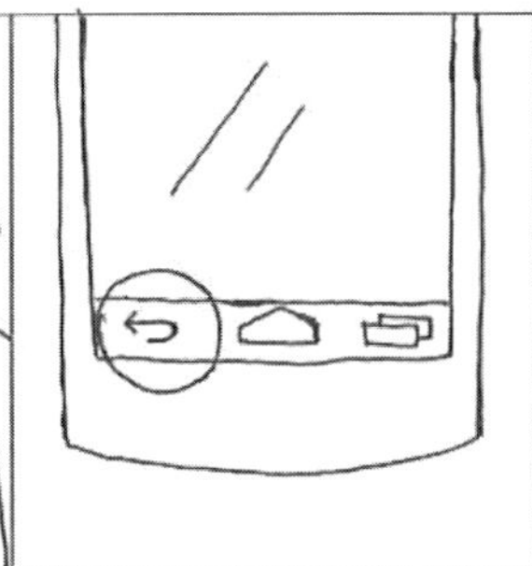

戻(もど)る

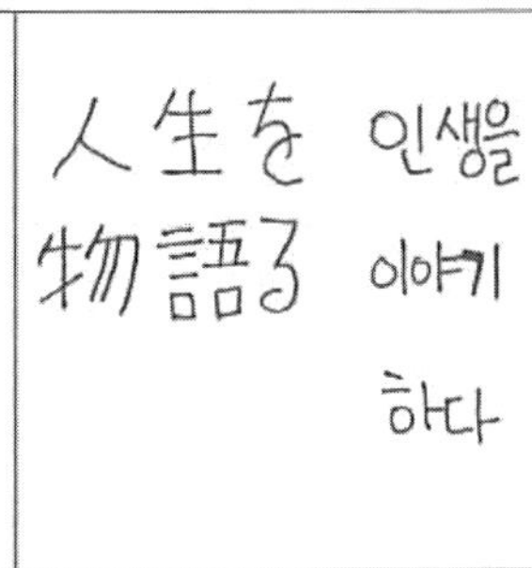

物語(ものがた)る

揉(も)む

燃(も)やす

盛(も)る

訳(やく)す

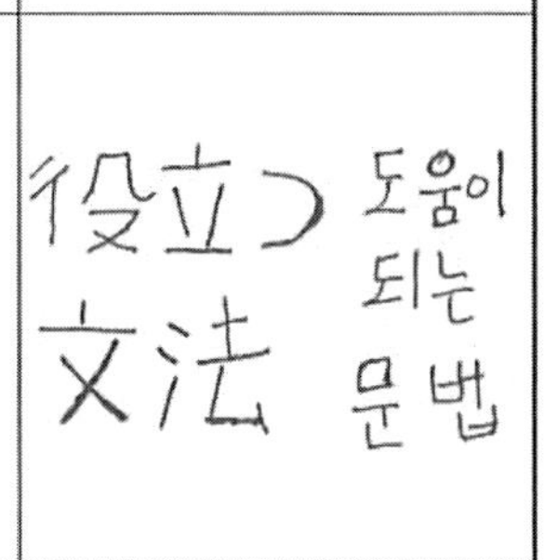

役立(やくだ)つ

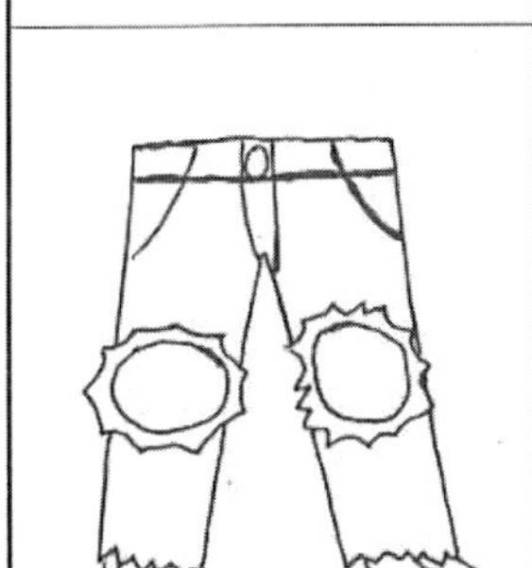

破(やぶ)れる

止(や)む

譲(ゆず)る

ゆでる

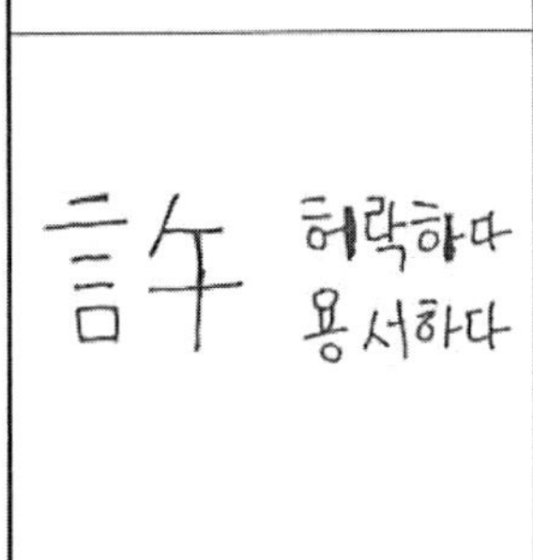

許(ゆる)す

酔(よ)う

横切(よこぎ)る

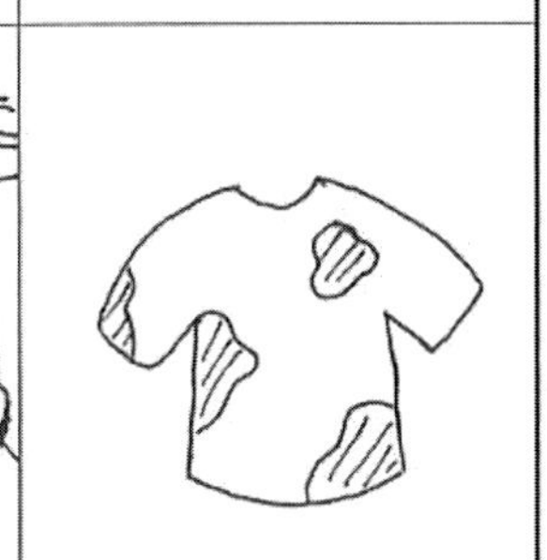

汚(よご)す

N2 動詞(どうし)32

汚(よご)れる

寄(よ)せる

呼(よ)び掛(か)ける

呼(よ)び出(だ)す

因(よ)る

略(りゃく)す

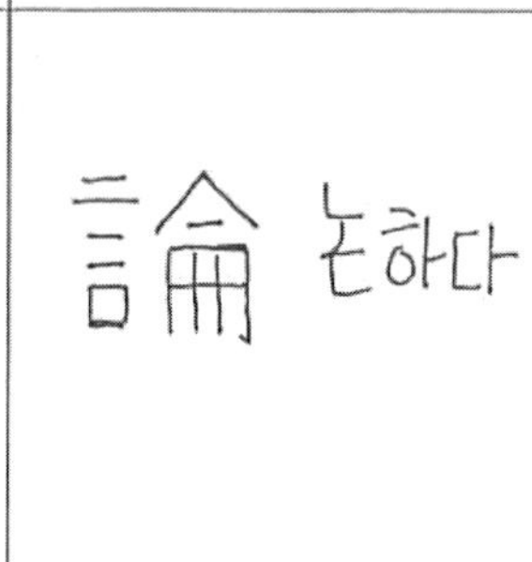

論(ろん)じる

沸(わ)かす

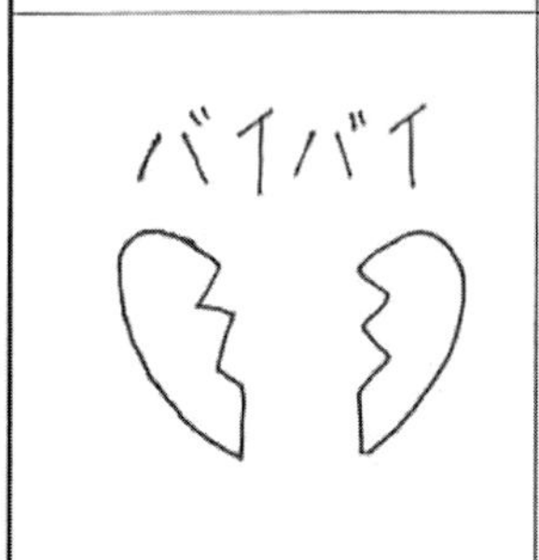

別(わか)れる

沸(わ)く

分(わ)ける

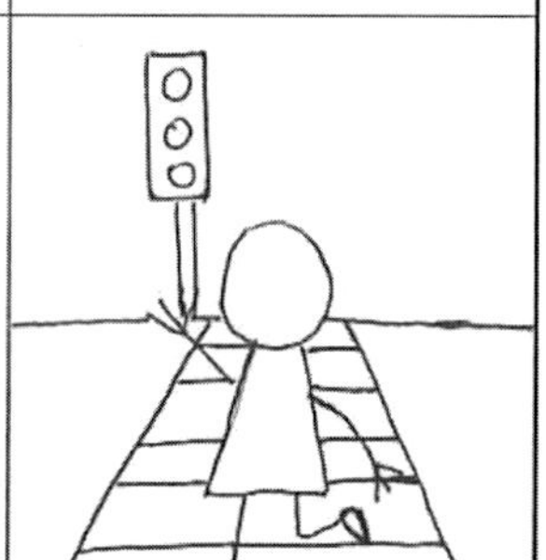

渡(わた)る

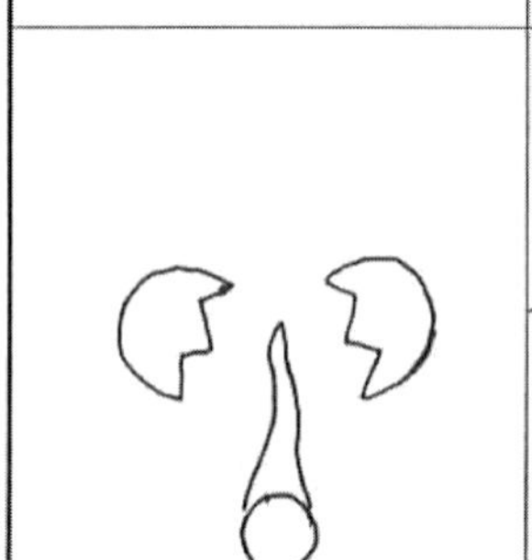

割(わ)る

割(わ)れる

忘(わす)れる

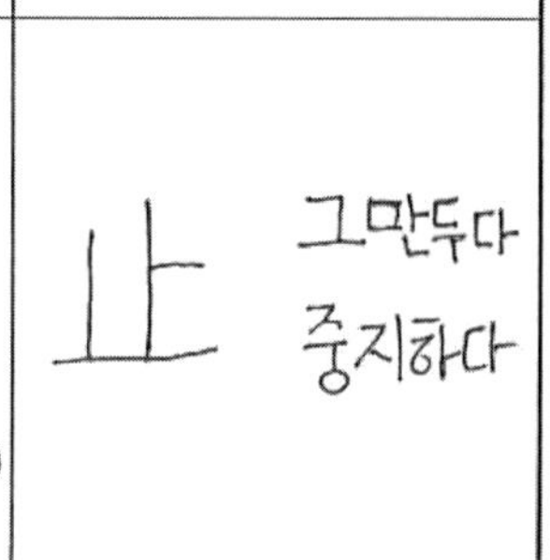

止(よ)す

□ ひらがな (동사의 활용: 본 표는 1그룹일 때만 적용 가능)

	わ	ら	や	ま	は	な	た	さ	か	あ	ない
		り		み	ひ	に	ち	し	き	い	ます
		る	ゆ	む	ふ	ぬ	つ	す	く	う	원형
		れ		め	へ	ね	て	せ	け	え	る
ん	を	ろ	よ	も	ほ	の	と	そ	こ	お	う

유미선(劉美善)

동국대학교 대학원 졸업(문학박사 / 일본근현대문학 전공)
현, 극동대학교 일본문화관광컨텐츠학과 교수
역서
『신과 인간 사이』, 『다니자키 준이치로 단편집』, 『春琴抄』
『오사카 재일조선인 시지 진달래·가리온』 (1-5권)
저서
『일본근현대문학과 전쟁』, 『문형으로 배우는 일본어/일본어문형』
『日本語ワークブック1』, 『日本語ワークブック2』, 『日本語ワークブック3』 등

본문 일러스트_배재권, 조윤채

日本語ワークブック

1판1쇄 발행 2020년 2월 20일
1판2쇄 발행 2022년 5월 2일

지 은 이 유미선
펴 낸 이 한상호
펴 낸 곳 **극동대학교 출판센터**
등 록 제 2012-000001호
주 소 충북 음성군 감곡면 대학길 76-32 극동대학교 관광관 112호
전 화 043-879-3570~1
팩 스 043-879-3572
이 메 일 kdu879@hanmail.net

책값은 뒤표지에 있습니다.

ISBN 979-11-90698-00-9 03730